スイメックスによる
アクアエクササイズ
Brennanメソッド

葛原憲治

唯学書房

はじめに

　スイメックスとの出会いは、ちょうど私がWestern Michigan Universityのアスレティックトレーニング学科でトレーナーの勉強をしている1995年の秋学期のことであった。その年に大学のスポーツ施設が新設され、その施設内にあるトレーナー室は以前よりも広く、機能的にリニューアルされた。そのトレーナー室の一角に今まで見たこともない流水プールが設置され、スポーツ傷害からの早期復帰を可能にするために導入したことを当時聞かされた。その流水プールがまさにスイメックスであった。当時は、水を使ったリハビリテーション（アクアリハビリテーション）の効果は認識されていたが、スポーツ現場で積極的に用いられるほどノウハウがたくさんあったわけではなかった。しかし、スイメックスというコンパクトな流水プールが開発されたことにより、水の浮力効果で以前とは比べ物にならないくらい早い時期にリハビリテーションが開始でき、早期復帰が可能となった。また、流水抵抗で段階的負荷による定量的なプログラムが可能となったことで、スイメックスの導入がアメリカのプロスポーツや大学スポーツで急速に広まっていった。特に、MLB（メジャーリーグ）では、早期リハビリに加えて、試合登板した投手の疲労回復やシーズンを通してのコンディショニングにも積極的に導入されていった。以前から、私自身もアクアリハビリテーションや流水プールに非常に興味を持っていたので、日本のスポーツ現場でトレーナーとして仕事をしながら、少しずつ情報を集めるようになった。2002年6月にテキサス州ダラスで開催されたNATA（National Athletic Trainers' Association：全米アスレティックトレーナー協会）のカンファレンスに参加した際、Brennan氏に出会い、スイメックスを用いたアクアエクササイズのノウハウをいろいろと教えて頂いた。スイメックスは、単なるコンパクトなプールではなく、アクアリハビリテーション、競技特性に応じた機能的リハビリテーション、コンディショニング、リラクゼーション、ダイエット、水泳などができる優れたトレーニングマシーンであることがわかった。Brennan氏はスイメックスによるアクアエクササイズに関するプログラムを開発している第一人者である。彼のノウハウを日本に紹介し、日本のスポーツ界で精進しているアスリートをはじめ、一般の健康増進を目指している方々にも寄与することを目的として執筆することになった。

Brennan氏について

　David K. Brennanはオーストラリア生まれであり、陸上競技やクロスカントリーをするために1973年にアメリカのヒューストン大学に留学をした。ヒューストン大学の健康・体育学部において学士号を取得し、運動科学の分野において修士号も取得している。また、The American College of Sports Medicineが公認しているHealth & Fitness Instructor資格も取得している。1993年には、ヒューストン市にあるベイラー医科大学（Baylor College of Medicine）の物理療法＆リハビリテーション科の助教授として就任した。そこではアクアリハビリテーションやアクアトレーニングプログラムの開発に携わり、世界的なトップアスリートであるカール・ルイスやリロイ・バレルなどのトレーニングプログラムの開発も行ってきた。また、1989年からアメリカ、ヨーロッパ、オーストラリア、ニュージーランドの国々を周って、CEU（継続教育単位）コースを開催したり、ヘルスケア産業やプロスポーツチームに対して運動科学に関するプレゼンテーションを行ってきた。2002年には、オクラホマ整形外科病院（Orthopedic Hospital of Oklahoma）の物理療法＆リハビリテーション科の生理学者として就任し、人間パフォーマンス研究所の機能評価プログラムを担当し、臨床的な教育及びプログラム開発に携わっている。さらに、Davidは、熱心な長距離ランナーでもあり、ジャズミュージシャンでもある。

SwimEx（スイメックス）社について

　1984年に創始者の一人であるStan Charren氏とマサチューセッツ工科大学出身の友人であるSeymour Mermelstein氏は、試行錯誤を繰り返しながら大量の水を層流によって循環させるパドルホイールシステムを開発した。これがスイメックス社の基本概念の始まりである。2年後には、Charren氏とMermelstein氏は、ヨットレース用の特殊なファイバーグラスを生産しているTillotson-Pearson社にSwimEx社の特許を売却した。Tillotson-Pearson社の創始者であるEverett Pearson氏は、当社のファイバーグラスを用いたオリジナルのパドルホイールの開発に成功し、様々なプールモデルに対応できるようになった。Pearson氏は、このパドルホイールを持つプールを一般住宅をはじめ、スポーツチーム、病院、フィットネスクラブに普及させることをビジョンとして持っていた。スイメックスは、スイミングができるだけでなく、様々なアクアエクササイズを定量的に実施することができ、理学療法士、アスレティックトレーナー、自宅のオーナーたちなどのニーズを十分に満たす傑作となっていった。2002年には、TPI Composites社がPearson氏と長年の付き合いのあった2名の開発者にSwimEx社を売却し、現在に至っている。SwimEx社は、理学療法士やアスレティックトレーナーに対してアクアエクササイズに関するセミナーや講習会を全国展開した初めての企業でもある。SwimEx社主催のセミナーは1990年から始まり、アクアエクササイズに関する臨床プログラムを提供し、アメリカをはじめとする5カ国で2,500名以上の臨床家及び専門家に対して教育・普及活動を実施してきた。現在も理学療法士などの専門家と提携しながら、スイメックスの新しいモデル開発や付属製品の開発に努めている。

目　次

はじめに　iii
Brennan氏について　iv
SwimEx（スイメックス）社について　v

第1章　スイメックスの流体力学　1
1. 静水プールと流水プールの違い　1
2. 水の特性　2
   （1）浮力／（2）浮心／（3）比重と密度／（4）静水圧／（5）比熱と水温／（6）表面張力／（7）屈折
3. 水の生理学的影響　6
   （1）循環器系システム／（2）呼吸器系システム／（3）筋骨格系システム／（4）腎臓及び内分泌系システム／（5）神経系システム

第2章　スイメックスの流水プール　9
1. スイメックスの特徴　9
   （1）狭い場所でも設置できるスイメックス／（2）特許パドルホイールによる大流量の水循環／（3）水深の調節／（4）使用目的に応じたスイメックス／（5）充実したソフトウェア／（6）水温調節／（7）自動浄化装置／（8）消費電力／（9）メンテナンスの簡便さ／（10）安全性
2. 多くの実績　21
   （1）アメリカでの実績リスト／（2）日本の実績リスト
3. スイメックスのワークステーション　23

第3章　アクアエクササイズ　25
1. アクアエクササイズの適応と禁忌　25
2. アクアエクササイズの5つの基本プログラム　26
   （1）腰椎安定化プログラム／（2）頸椎安定化プログラム／（3）下肢リハビリテーションプログラム／（4）上肢リハビリテーションプログラム／（5）心肺機能プログラム
3. アクアエクササイズの基本プロトコール　27
   （1）フェーズ1：初期（導入期）／（2）フェーズ2：中期／（3）フェーズ3：後期（移行期）
4. 基本エクササイズ　28
   （1）ウォームアップエクササイズ／（2）上肢ストレッチ／（3）体幹・下肢ストレッチ／（4）上肢エクササイズ／（5）体幹・下肢エクササイズ／（6）コンディショニングエクササイズ

5. 部位別アクアエクササイズプログラム　39
   (1) 腰椎アクアエクササイズプログラム／(2) 頚椎アクアエクササイズプログラム／
   (3) 股関節アクアエクササイズプログラム／(4) 膝関節アクアエクササイズプログラム／
   (5) 足関節アクアエクササイズプログラム／(6) 肩部アクアエクササイズプログラム

第4章　心肺機能プログラム　51
1. ランナーの障害予防　51
2. アクアランニングにおける生理学的反応　53
   (1) 最大努力及び最大下努力／(2) 水中と陸上での違い／(3) 関節可動域／(4) リズム／
   (5) リラクゼーション

第5章　アクアランニング　57
1. アクアランニングのバイオメカニクス　57
2. ランニングパフォーマンスにおける決定要因　58
   (1) 最大酸素摂取量（VO$_2$Max）／(2) 乳酸閾値（LT）／(3) ランニング効率（RE）
3. リスク査定　60
   (1) 主な心臓系の危険因子／(2) 心臓循環系と代謝系疾患の主な兆候
4. 身体活動適正質問票（PAR-Q）によるスクリーニング　61
5. ワイルダーの段階的運動負荷テスト（GXT）　63

第6章　アクアランニングプログラム　67
1. ロングインターバルランニング（LI：Long Interval）　67
2. ショートインターバルランニング（SI：Short Interval）　68
3. ロングスローディスタンスランニング（LSD：Long Slow Distance）　69
4. ファートレック　69
5. スプリント　70
6. 積極的／受動的回復　72
7. 競技特性に応じたランニングプログラム　72
8. リハビリテーションと陸上トレーニングへの移行　73
9. スイメックスによるコンディショニングプログラム　75

ワークシート　79

参考文献　99

第1章　スイメックスの流体力学

1. 静水プールと流水プールの違い

　20年くらい前までは、ほとんどのリハビリテーションプールは適温に設定され、しかも簡単に利用できる静水プールにおいて、受動的に身体を浸水して治療することに重点を置いていた。しかし、エクササイズをベースにした治療プロトコールが出現したことで、プールメーカーは段階的かつ定量的に抵抗を提供できる製品開発に乗り出した。この目的のために、あるメーカーは筋緊張を受動的に軽減したり、一時的に末梢循環を改善してリラクゼーション効果を引き起こすというスパテクノロジーを超える開発を行った。それは層流を兼ね備えた流水プールであり、多種多様なリハビリやアクアエクササイズを実施したいと思っている革新的なセラピストの要望に応える機能を持つプールであった。スイメックス社が開発した特許であるパドルホイールシステムは、時速10kmまでのスムーズな流水抵抗を定量的かつ段階的に調節することができる。また、スイメックス社の流水プールの水の流れは、整った層流となり毎分113m^{3}の水を循環することができる（ジェットバスで見られるような泡が停滞するスポットは生じない）。このような整った層流は、アイソキネティック的な負荷を身体部位に提供することができ、リハビリテーションの初期段階において非常に有効である。層流とは、いわゆる大雨が降った後の川の流れの中を歩いた時と同じような感覚である。川やプールでの水流は、層流にもなるし、より抵抗的な乱流にもなる。スイメックス社の開発したパドルホイールの技術は、層流と乱流の両方を実現でき、スイモメーターにより抵抗を細かく設定することができる。

　フランスの科学者J. L. Poiselleは、管を通る液体の流れを表す公式を最初に開発した研究者であり、彼は液体の流れは液体の圧力勾配と管の半径に比例することを証明した[1]。水は圧縮できないために、水が通る部分の大きさに適応することで速度（流速）を変化する必要がある。スイメックス社の流水プールは、Poiselleの理論とイギリスの物理学者であるJoshua Reynoldsの研究をベースにして水平方向の流水抵抗を実現した。Reynoldsは、1mmの物体が水中を毎

秒1mmの流水速度で移動する時のレイノルズ数を1と定義した。レイノルズ数が1を超えた場合は、より抵抗の大きい乱流ということになる。PoiselleとReynoldsの公式は、水中での引きずり込む力の抵抗効果に関する数学的基礎となっている。したがって、四肢の動作の速度や水の流れ、あるいは水に触れている表面積の大きさが大きくなればなるほど抵抗は増大する。層流は、筋骨格系の部位に対して外的な水平方向の抵抗を与えることができると考えられる。メトロノームによって関節の動きをコントロールしたり、ある一定の方向に層流をあてることによって、関節にエキセントリックな抵抗を与えることができる。エキセントリックな負荷によって、繰り返しの微細な外傷を伴い、組織の損傷を引き起こすことはよく知られていることである（例えば、投球動作の減速期及びフォロースルー期など）。層流を用いたエキセントリックなアクアエクササイズによって、筋や腱を強化することが可能となり、筋や腱のエキセントリック負荷に対する繰り返しの微細外傷のリスクを軽減することができると考えられる。

2. 水の特性

　身体を水中に浸すことで、2つの生物学的な効果が見られる。1つは、即効性のある効果ともう1つは遅発性の効果である。アクアエクササイズによる利点は、リラクゼーション、血液循環の増進、疼痛や筋スパズムの抑制、関節可動域の向上、荷重負荷の軽減、心理的な安心感がある。筋骨格系障害、神経系障害、心肺機能障害などに対する水利用に際しては、水の流体力学に関する十分な知識と理解が必要である。水の持つ特性はこれらの障害に対しては理想的な環境を提供する。

(1) 浮力

　浮力は、重力による下向きの力を相殺することによって水中に沈んでいる身体を支える（図1）[2]。水中に身体が沈むと、その身体が置換した重さと同量の水の重さ分だけ軽くなるため、骨、筋、そして周辺組織に対するストレスや圧力を軽減させることができる。水中に直立した場合の水深と荷重負荷の割合は表1の通りである[3]。

　浮力は、荷重負荷の力を減少させるだけでなく、水中における運動に対し介助（assist）、抵抗（resist）、または支持（support）を行う。四肢を水中から水面の方向に動かす場合、浮力は動作を介助する力となる。一方、四肢を水面から水中の方向に動かす場合、浮力は動作に対して抵抗力となり、そして、水面と平行方向に動かす場合、浮力は動作の支持力として働く。深水でアクアエクササイズを行う際に避けなければならない動作は、浮力が介助するような過大な上

図1 浮力と重力の関係

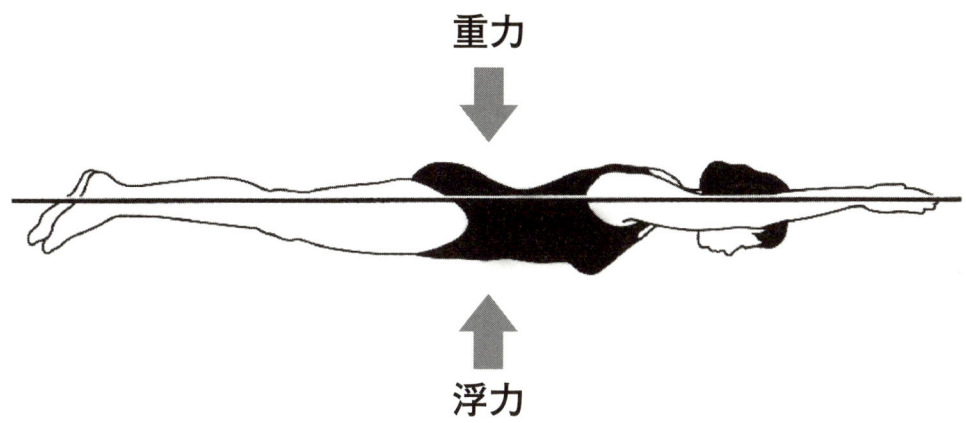

(出所) Bates & Hanson, *Aquatic exercise therapy*, 1996 より引用

表1 水深による荷重負荷の割合

水深	解剖学的名称	女性	男性
頸部	第7頸椎	8%	8%
胸部	剣状突起	28%	35%
臀部	上前腸骨棘（ASIS）	47%	54%

下動作である。過大な上下動作を軽減するために、体幹を安定させたり、腕や脚を体幹の垂直運動に対抗するように使う必要がある。身体の垂直方向の姿勢を保つように腕や脚をゆっくり動かすことが大切である。

(2) 浮心

　トルクとはある力とその力が作用する距離の積である。人間の動作は、関節軸の周りにおける回転運動として起こっている。陸上では、重心（COG）が回転運動の重要な解剖学的な中心であり、通常は第2仙椎（臀部付近）に位置する。この重心は実際には全ての身体部位の重心の集合であり、身体の密度に対しては均一ではない。しかし、浮心（COB）は全ての浮力の中心と定義され、通常は胸部中央にある。重心と浮心が同一垂直線上にある場合は、身体には垂直方向の力（比重）のみ作用する。一方、重心と浮心が同一垂直線上にない場合は、回転力が浮心の周りに発生する。この力は水平変移と定義され、浮力の回転効果とも言われる。

図2　浸水した身体に及ぼす水圧

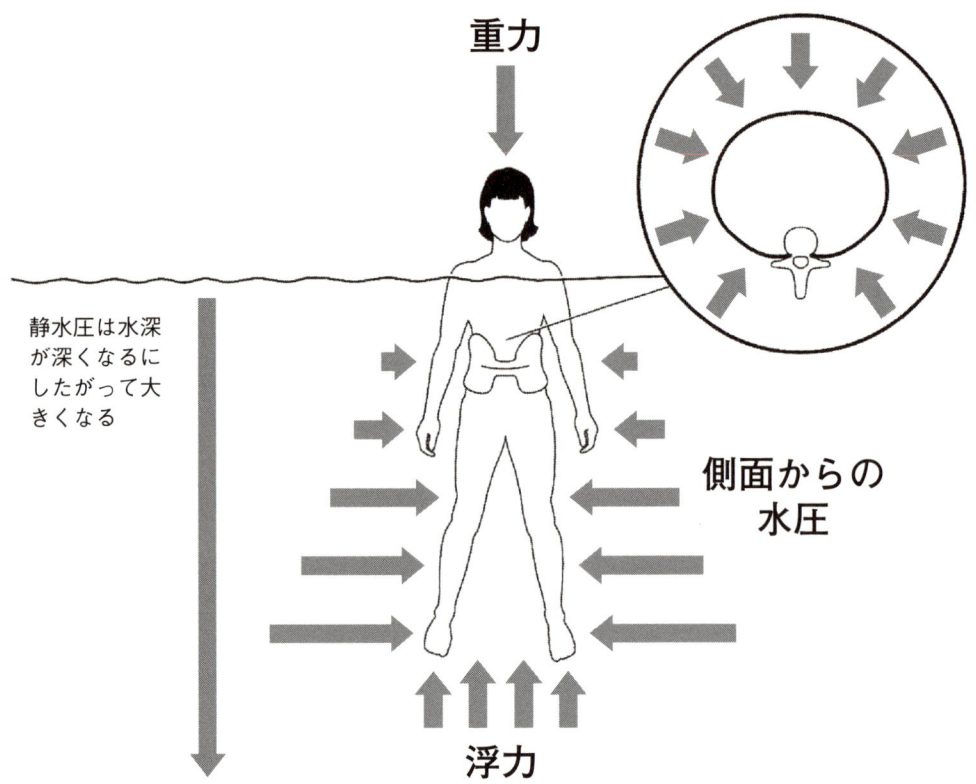

（出所）Bates & Hanson. *Aquatic exercise therapy*, 1996 より引用

(3) 比重と密度

　密度とは単位体積あたりの重量と定義され、kg/m³の単位で表示される。それぞれの物質は個別の比重、あるいは水に対する相対的な密度としても表示される。水の比重は摂氏4度において1と定義されている。比重が1以下の物体は水に浮き、1以上の物体は沈む。人体の比重は0.974前後であり、そのために身体が置換した水の重量の方が大きく、身体に上向きの推進力（浮力）が働く[4]。人体の比重は骨や筋肉が多いと大きく、脂肪が多いと小さい。浮力と比重は、アクアエクササイズにおいて体位と姿勢制御に大きな影響を及ぼす。

(4) 静水圧

　静水圧とは、水によって浸水した身体に作用する圧力のことを言う（図2）。この力は全ての方向に均一であり、水深と水の密度に比例する。胸部（剣状突起）の深さまで浸水した身体は、上前腸骨棘まで浸水した身体に比べて、より多くの静水圧に関わる生理的変化をもたらす[5]。

表2　アクアエクソサイズの目的に応じた水温

目的	水温	
	(℃)	(F)
アスレティックトレーニング	27～31	80～87
理学療法的治療	31～32	88～90
リューマチ／慢性疼痛	33～34	91～94

　国際的な静水圧の単位はパスカルであり、N/m^2で表示され、また、mm Hgやlbs./sq. in.（psi）などの単位でも表示される[1]。静水圧は、静脈血圧を増大することで心血管系機能を高め、静脈還流を増大すると言われている。また、同一の仕事量に対して、心拍出量の増大による静水圧効果のために、水中での心拍数は陸上と比べて10～15%低下する[5, 6, 7]。

(5) 比熱と水温

　比熱とは、物質の温度を1度上昇するのに必要な熱量である。水は熱をよく伝える物質であり、その熱伝導率は空気の25倍である。水温が体温より高ければ、熱は身体に移動し組織の温度を上昇させる。水温は、伝導、対流、放射により人体の心臓系、呼吸器系、及び筋肉系に影響を及ぼす。頭部以外を浸水した安静状態における研究によれば、水温摂氏35度（華氏95F）が熱的に中立状態（熱移動が発生しない）である[5]。アクアエクササイズの目的に応じた水温は表2の通りである。

(6) 表面張力

　水の分子の表面間で結合力が働いており、その結果、水の分子の表面に弾性膜を形成する。したがって、表面張力は、部分的に浸水された四肢を水平方向に移動する際に軽い抵抗力となる。

(7) 屈折

　水中にある物体が屈折により歪曲して観察されるため、水中でスキルを習熟することに戸惑うことがある。したがって、アクアエクササイズを指導する場合は、患者や選手に対して屈折による歪曲を考慮しながら言葉や視覚的なフィードバックをする必要がある。

3. 水の生理学的影響

(1) 循環器系システム

　浸水（特に胸部まで浸水する場合）による熱伝導と静水圧効果により人間の循環器系生理機能に影響を及ぼす。動脈、静脈、筋肉組織及び他の生体器官の血流を調節する生体組織は、水の物理特性によって顕著な影響を受ける。動脈を流れる血流は、左心室の収縮による圧力によって上昇する。健康な人の動脈血圧は、左心室の収縮時（心臓収縮期）は通常130mmHg以下である。心臓拡張期では、僧坊弁閉鎖、動脈壁平滑筋の収縮、動脈血管の弾性により60～70mmHgに維持されている。このようなメカニズムは、心臓からの血流をつかさどるポンプ機能が一時的に停止された状態となっても、動脈末梢抵抗を安全なレベルまで増大し、血流を継続させることができる。

　静脈血圧は、動脈血圧に比べかなり低いことによって、静水圧による外的な影響を動脈血圧よりも受けやすい。静脈血圧は、動脈血圧と同様に、心臓に対する血管の垂直位置により影響を受ける。静脈を通る血流は、弁によって部分的に制御され、逆流も防止している。これらの弁は、どのような位置においても血液の形状を効果的に短縮することによって、静脈内の血液の圧力勾配を減少させている。このことは、心臓より下で、しかも心臓より遠くにある静脈で見られ、下肢の深部にある静脈で循環不良がある場合には、疼痛や腫れを引き起こすことがよくある。胸部まで浸水させると、静水圧による静脈血流の効果がまず大腿部で起こり、次いで腹腔部、最後に胸部大静脈で起こる。この上向きの血流は、右心房の血圧を14～18mmHg上昇させることになる[8, 9]。また、肺への血流及び中心部への血液量が増加し、頸部まで浸水した場合は肺動脈血圧も上昇する。浸水した場合、肺への血流の増大は、ほとんどが肺の大きな血管にとどまり、5％以下が毛細血管に拡散するにすぎないということが指摘されている[8]。

　頸部までの浸水により中心部への血液量が約60％増加し、そのうちの約3分の1が心臓に、3分の2が肺の大きな血管に分配される。冠状動脈における約30％の血流増加により心筋のストレッチ反応が引き起こされ、より強い心収縮（フランク・スターリングストレッチ効果）が生じ、心筋の作業効率が向上する。頸部まで浸水した場合、心臓の1回当たりの心拍出量は71ml/拍から100ml/拍まで増大する[10]。浸水による心臓循環器系の変化は、水温による影響を受け、心臓の拍出量は水温の上昇に伴って増大する（水温33度では33％増加）。心拍数と水温の間に有意な関係が見られ、水温25度では心拍数が毎分12～15拍低下し、中立温度（35度）ではそれより心拍数変化は少ない[11]。水温が上昇すると、血管拡張による末梢抵抗が減少することにより

心拍数はかなり上昇する。それに対して、ダイビングする場合の反応として、水温が低下することで心拍数も低下することになる。

(2) 呼吸器系システム

頸部まで浸水することで中心部への血液量が増加するだけでなく、胸部壁を圧迫し呼吸に要する仕事量も増加する。息を吐く時に肺に残留する空気があり、これを予備呼気量（ERV）と呼ぶ。この予備呼気量は、血液中の酸素と二酸化炭素濃度を飽和濃度に保ち、呼吸のたびにこれらの血中濃度が激しく変動するのを防ぐ。同様に、最大限に息を吸う時、さらに空気を吸うことができる余地があり、このことを予備吸気量（IRV）と呼ぶ。予備呼気量、予備吸気量、そして一回換気量（TV）の組合せは、肺活量（VC）と呼ばれる。肺活量は、息を吸ってから吐いた時の最大呼気量として測定され、呼吸機能を見る場合、医師により検査されることがよくある。剣状突起まで浸水した場合、肺の機能的残気量（FRC）は陸上で測定した数値と比べ54％まで減少する[12]。浸水した場合、静水圧により肋骨が圧縮され、肋骨の周囲径が約10％短縮する[13]。頸部まで浸水した場合、1リットルの一回換気量に関する呼吸の全仕事量は約60％増加し、この仕事量の増加分のうち75％は弾性的な仕事量（胸郭部からの血液シャント）に起因し、他の25％は動的な仕事量（静水圧）に起因する[14]。この効果は、陸上でのトレーニングの補足として、アクアランニングを実施する場合、ランナーにとって単なる軽運動ではなく、呼吸器系に対する重大な挑戦として認識する必要がある。

(3) 筋骨格系システム

浸水によって心臓の拍出量増加の大半は、筋肉組織と皮膚に供給される。安静状態で浸水した場合、筋肉組織への血液灌流は陸上でのそれと比較して2倍以上を示した。酸素供給の増加と血管収縮の低下は、筋肉細胞の回復を助ける循環機能を改善し、浮腫を抑制する。さらに、筋肉中の乳酸を減少させ、陸上トレーニング後に出現する疲労も低下させる。

(4) 腎臓及び内分泌系システム

浸水することにより尿の量は増大し、それに伴ってナトリウムとカリウムの排出も浸水直後から始まり、その後60分以上継続的に増加する。腎臓への血流量は浸水してすぐに増加し、腎機能に好影響を及ぼす[15]。腎臓への交感神経活動は低下し、それによって腎臓のナトリウム運搬が増加する[16]。浸水することにより、腎臓の血管抵抗が33％低下し、腎臓の静脈血圧は2倍となる。正常なナトリウムレベルの人にとって、浸水することによりナトリウムの排出が増加

し、このことは浸水時間と水深によって影響する。腎臓ホルモンであるレニン、アルドステロン、抗利尿ホルモン（ADH）、心房性ナトリウム利尿ペプチド（ANP）、プロスタグランジンEの分泌は、浸水することにより大きな影響を受ける。中立温度で浸水した場合、安静時の血圧は通常一定に保たれるが、例外的に高血圧患者の場合は、血圧の低下を示したり、数時間の低い血圧レベルを維持することがある[17]。

(5) 神経系システム

　浸水による神経学的な効果は、歴史を通して提案されてきた。最も認識されていることは、浸水によるリラクゼーション効果と痛みの感覚受容器に対する効果である。温度、圧力、接触を感知する皮膚の神経終末（皮節：Dermatomes）は、水中では感覚のオーバーフロー状態となり、痛みを軽減したと認知する。その結果、痛みの閾値が広がり、感覚認知の調節が行われたことになる。このプロセスは、様々な要素が複合的に関わっており、おそらく網様体賦活系にある脳の活動と関わっていると考えられる。また、浸水に対する血漿カテコラミン、エピネフリン、ノルエピネフリン、ならびにドーパミンの反応が疼痛の抑制や水中でエクササイズした後の爽快感に寄与していると考えられる[18]。浸水による痛みの調節作用、可動域の増大、固有受容器やバランスの向上などの効果に関する中枢神経システムの研究はさらに必要であると思われる。

第2章　スイメックスの流水プール

1. スイメックスの特徴

(1) 狭い場所にも設置できるスイメックス

- 3.7m幅×6.1m長（22.6m²、14畳弱）の敷地に設置できる。もし設置場所に余裕がなければ最低3.1m幅×6.1m長（18.9m²）の広さでも設置が可能である（図3）。
- 住宅用の一部のモデルを除きスイメックス本体は4分割（あるいは8分割）されて出荷されるため、1.3m×2.2mのドアを通過させることができ、搬入が簡単にできる。
- スイメックスは埋め込み型、床置き型、半埋め込み型などデザインに応じて設置できる。
- スイメックス本体がコンパクトなため、静水プールと比較して基礎工事、建築工事、給排水設備、換気設備等の工事費が大幅に削減できる。

(2) 特許パドルホイールによる大流量の水循環

- パドルホイールは、最大毎分約113m³（600Tや700Tの場合、500Tでは毎分約96m³）の水を循環することができる。この場合の流水速度は、時速10km（600Tや700Tの場合、500Tでは時速8.8km）を超える。
- このような大流量の水循環は、特許のパドルホイールによって実現可能となり、従来あるジェットやスクリューの機能による水循環ではこの流量の水循環は不可能である。
- 水の流れは整った層流となり、アクアセラピーやアクアエクササイズに適している。従来のジェットバスやフローマシンでは、水の流れが乱流となり、効果的なアクアセラピーやアクアエクササイズが実施できない。

(3) 水深の調節

- 医療用及びスポーツ・コンディショニング用のスイメックスにおいて、122cm、152cm、

図3 スイメックスの構造

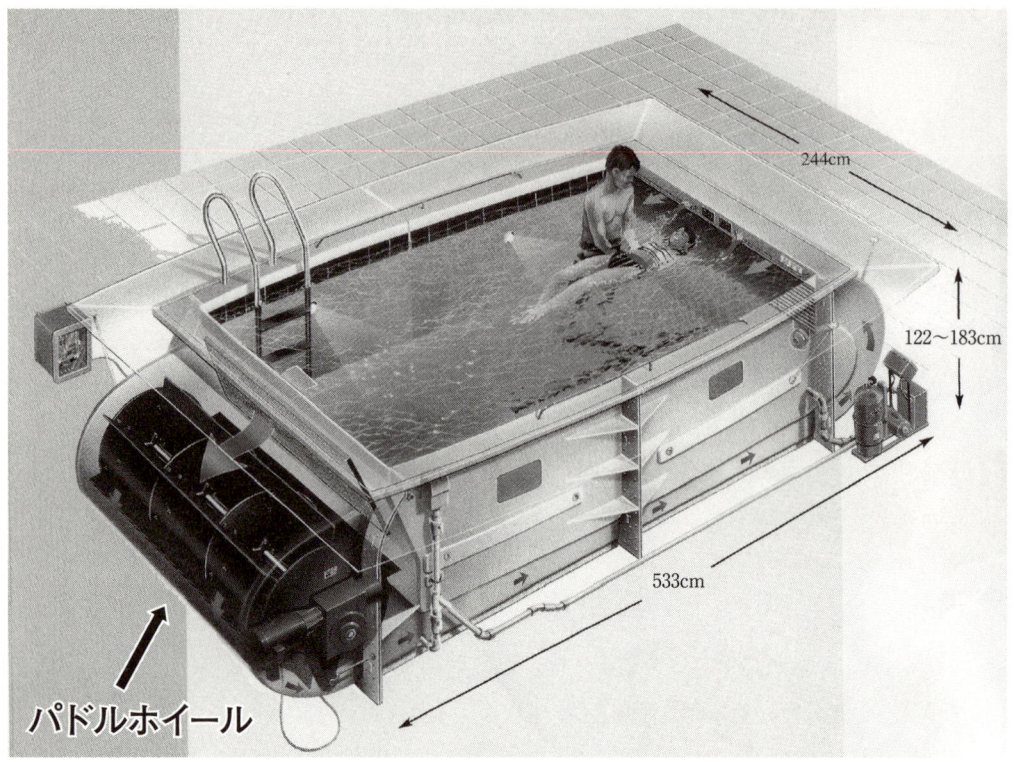

183cmの3段階に水深を調節することが可能である（700Tの場合）。リハビリテーションや健康増進などの使用目的に応じて水深を変えることで、より効果的なアクアセラピーやアクアエクササイズが可能となる。

（4）使用目的に応じたスイメックス

①住宅用モデル（4000T、470T）

　水泳は、体重のかからない、関節に衝撃のない、呼吸循環器系効果の高い有酸素運動であることは古くからよく知られている。しかし、好きな時に好きなだけ泳ぐために、自宅に温水プールを設置することは非常に大変なことであるが、スイメックスであれば3.7mの幅と6.1mの長さの場所（14畳弱の面積）に十分設置可能となる。また、スイメックスは、無限の長さのプールと同じであり、ターンせずに泳ぎたいだけ泳ぐことができる流水プールである。流水は泳ぐのに適した整った層流であり、モデルにより流速は異なるが、最大流速は時速7.2～10.4kmまで変えることができる。設定した流速が遅すぎて上流の壁に達したら、その壁にあるボタンを押して流速を上げ、逆に速すぎて流れに負けると下流の壁にある安全スイッチに足が触れ、流水

を停止することができる。さらに、プールの中で泳ぐだけでなく、足踏みしたり、水中に立って流水抵抗に当たっているだけでも運動効果がある。流水によって身体のまわりに発生する渦（フラッタリング現象によるカルマン渦）は皮下脂肪を燃焼させる働きがあり、シェイプアップにも効果的である。水中でのウォーキングやジョギングも可能であり、筋肉や関節にストレスをかけることなく有酸素運動として生活習慣病の予防が可能となる。また、スイメックスの流水に当たるだけでリラクゼーション効果とマッサージ効果が期待でき、疲労回復を促進することもできる。

②医療・介護用モデル(60T、5000T、PT500、500T、600T、1000T)(図4-1、図4-2)

　日常生活や労働災害、交通事故などによる傷害のリハビリテーションのために水治療が効果的であることは、国内外の医学会や、理学療法、アスレチックトレーニングなどの分野でよく知られていることである。水の浮力、水圧、粘性、流体力学特性により患者の回復状態を促進しながら呼吸循環系及び筋骨格系システムを効果的に改善し、損傷部位にストレスをかけないようにリハビリテーションをする、いわゆる『積極的安静(Active Rest)』を実現することができる。最近のアメリカの傾向として、水治療用プールの設置増加は、水の物理特性による偉大な恩恵を受けていることを表している。

　医療用スイメックスは、専門家の助言に基づいて設計され、様々な傷害に適した治療のための8種類のワークステーションを備え、流水速度を40段階（最高時速10km：600Tの場合）まで変えることで非常に広範囲な治療が可能となった。この流水はポンプやインペラーなどで発生させたものとは異なり、流れの整った層流によって治療効果をさらに高める。水治療においては、水の浮力により筋肉や関節にかかるストレスを軽減したり、水圧により腫れを軽減する効果がある。また、水の粘性効果や流水速度の変化により水中での運動に対する抵抗がリハビリテーション効果を高める。さらに、水治療は痛みを和らげ、患者の心理的なリラクゼーションを促進し、リハビリテーションを苦痛なく積極的に取り組むことができる。

　そして、スイメックスは高齢者向けの介護用としても有効である。スイメックスの水深は、高齢者向けに設計されており（5000T及び500Tの場合は97cmと127cm、600Tの場合は122cmと152cm）、底はフラットな滑り止め仕上げになっている。スイメックスへの出入りには、水圧式のチェアリフトまたは手すり付の階段を取り付けることができる。この階段はワークステーションとしての機能もあり、機能的なエクササイズとしても利用可能である。また、水中には手すりが設置され、高齢者が安心してエクササイズを行うことができる。層流の流速を調節することにより、定量的な水中抵抗を提供でき、高齢者の障害予防やバランス機能の向上が可能

図4-1　600Tモデル ワークステーション

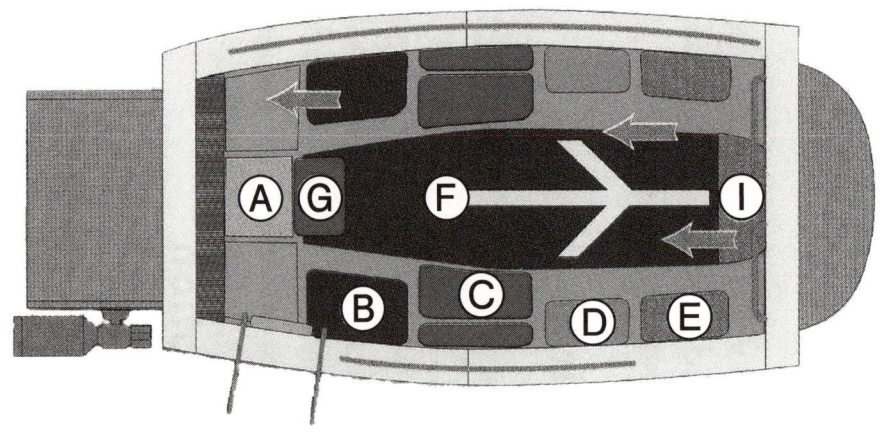

図4-2　600Tモデル 断面図

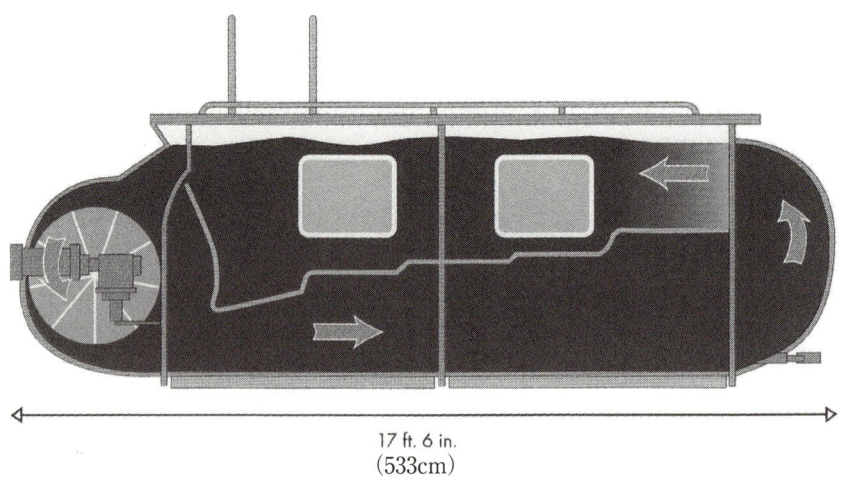

17 ft. 6 in.
(533cm)

となる。さらに、高齢者個々の状況に合わせた適切な運動を行うこともできる。

③スポーツ・コンディショニング用モデル(60T、600T、700T、1000T)(図5-1、図5-2)
　アメリカのスポーツ界では、スイメックスをトレーニング及びコンディショニングのために設置することがポピュラーとなっている。例えば、メジャーリーグ(MLB)、プロフットボールチーム(NFL)、プロバスケットボールチーム(NBA)、大学スポーツ、それにアメリカのオリンピックチームが次々とスイメックスを導入している。スイメックスは、怪我をした選手の早期

図 5-1　700T モデル ワークステーション

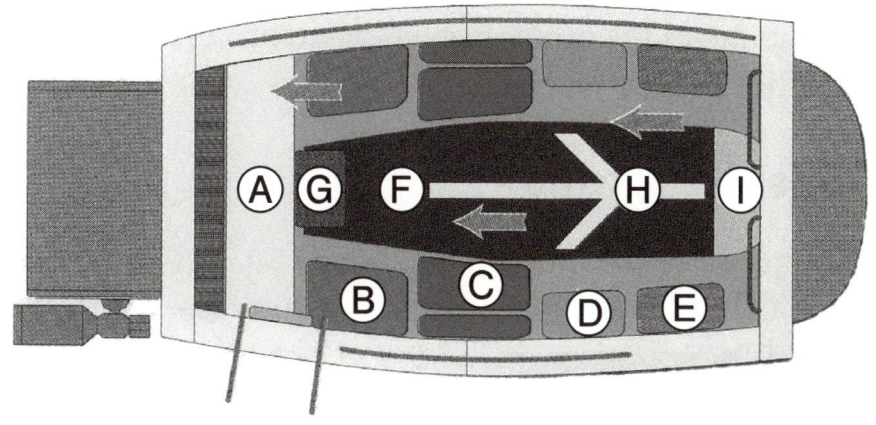

図 5-2　700T モデル 断面図

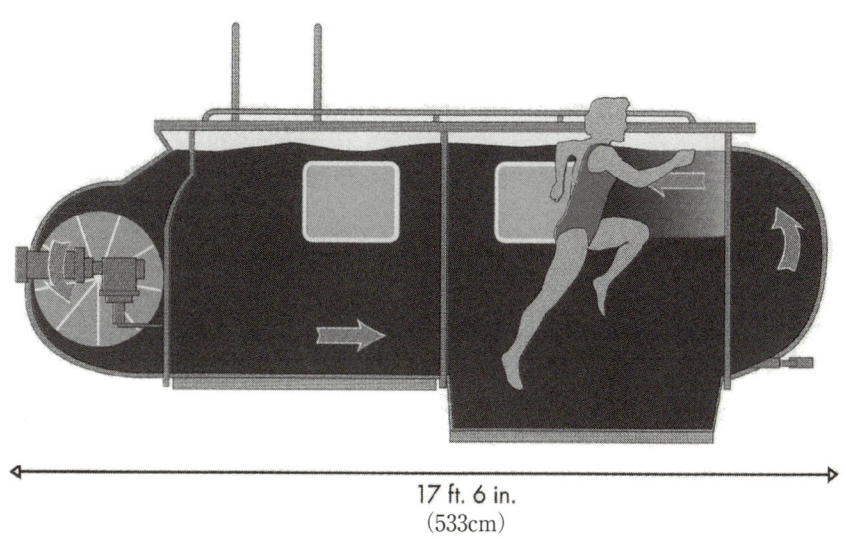

17 ft. 6 in.
(533cm)

復帰、試合での疲労回復、そしてストレスを軽減しながらの筋力強化を可能にしている。流水速度や水深を段階的に変えることで、効率的かつ定量的なトレーニングが実現可能となり、ワークステーションを用いて競技スポーツ特有の動きが実施できることで実践的かつ機能的なトレーニングが可能となる。さらには、スイメックス本体に観察窓を設置することができ、観察窓からのランニングフォームや動作のチェック及びビデオ撮影を通して、より適切な指導が可能となる。

スイメックスを設置したチームのトレーナーからのコメントは以下の通りである。
　MLBシカゴ・ホワイトソックスのヘッドトレーナーであるヘルム・シュナイダー氏のコメント（1992年）によると、『シカゴ・ホワイトソックスにとって、スイメックスは選手のリハビリテーションとコンディショニングに大きな成果を上げている。コンディショニングについては、ピッチャーの肩の調整に使用しているが、投手らはスイメックスを好んで使用している。先発投手のアレックス・フェルナンデスと中継ぎ投手のスコット・ラディンスキーは、シーズン中の肩のコンディショニングプログラムにスイメックスを導入し成果を上げている。先発投手のチャーリー・ホウは、スイメックスとエアロバイクをランニングの代わりに有酸素コンディショニングとして実施し、良い結果を得ている。ボー・ジャクソンは、股関節障害のリハビリテーションとしてスイメックスを用い、競技復帰にに多大な貢献をしたと感謝している。また、外野手であるティム・レインズは、ハムストリングスの肉離れのリハビリテーションでスイメックスを用いた。今までより早期にスプリントなどのエクササイズがスイメックスによって始められ、流水に対してバックランニングをさせることでハムストリングスを強化するなどの効果的なエクササイズが可能となった。我々は、スイメックスによる様々なエクササイズプログラムを模索しているところである。今後の予定としては、投手の肩のコンディショニングプログラムを完成させることである。特に、登板した翌日に肩の張り感や違和感を訴えた場合のコンディショニングプログラムを検討したいと思う。スイメックスは選手のコンディショニングとリハビリテーションに非常に適している。』と絶賛している（資料1）。
　NFLニューイングランド・ペイトリオッツのヘッドトレーナーであるロン・オニール氏（1998年）によると、『ニューイングランド・ペイトリオッツではスイメックスを10年以上使っているが、今回新しい600Tモデルを設置することで、非荷重のエクササイズから段階的な荷重エクササイズまでの全てのリハビリステージを網羅することが可能となった。現在、ディフェンシブエンドのウイリー・マクギニストの膝の靭帯損傷、タイトエンドのベン・コーティスの膝の術後リハ、プレスキッカーのアダム・ビナティエリの内転筋肉離れ、ラインバッカーのマーティー・モアーの肋骨骨折のリハビリテーションにスイメックスが用いられている。スイメックスは、関節のストレスを軽減し、通常陸上でのトレーニングで痛みが増幅されるランニングやステップ動作などのエクササイズを水中でシミュレートすることが可能となる。スイメックスのワークステーションの一部として特徴的なランニングパッドという前方に角度が付いているワークステーションがある。このランニングパッドをACL再建手術後のリハビリや膝蓋腱損傷のリハビリに活用している。スイメックスの流水と多彩なワークステーションによりリハビリだけでなく、上肢及び下肢のコンディショニングとして無限大に活用できる。』とコメン

資料1　Chicago White Sox

CHICAGO WHITE SOX

February 25, 1992

Mr. _____
SwimEx Systems, Inc.
Market Street
Warren, RI 02885

Dear ___:

I wanted to take the time to write and let you know what a positive addition the SwimEx has been to the Chicago White Sox in our rehabilitation and conditioning. Since the addition of the pool last June, we have used it with several of our players, all with good results.

From a conditioning aspect, we have been using a shoulder program in the SwimEx pool which some of our pitchers particularly liked. Alex Fernandez, one of our starters, and Scott Radinsky, a reliever, used the SwimEx as part of their total in-season shoulder conditioning program and were excited with the results. They both plan to continue with it during the 1992 season.

Another starting pitcher, Charlie Hough, used the SwimEx in conjunction with a stationary bike program as a substitute for running for his aerobic conditioning and was very happy with the results.

Bo Jackson has been using your product as part of his overall rehabilitation program coming back from a hip injury. Bo says, "The SwimEx pool has been a vital tool and big plus as part of my total rehab effort." We have been pleased with the flexibility the pool has provided us in allowing Bo to do a lot of exercises he would not have been able to do without the aid of the water.

We also used the SwimEx to help outfielder Tim Raines recover from a hamstring strain. Like Bo, he was able to start doing exercises in the water, such as sprinting, sooner than we would have in a conventional setting. A particularly effective exercise we did was to have Tim run backwards against the current, which really worked the hamstring groups.

Overall, we feel that we have just begun to tap the potential that the SwimEx has to offer. We continue to add more exercises as our imagination allows. Our plan is to institute a complete shoulder program that we can have the pitchers use particularly on the day after they pitch when they seem to have the most stiffness and soreness.

With the addition of the SwimEx pool to the hydrotherapy area in the New Comiskey Park, we feel that we offer our athletes the best possible environment for conditioning and rehabilitation. Thank you for all your help and advice. The Chicago White Sox and I look forward to continuing our relationship with you and SwimEx Systems, Inc. for many years to come.

Sincerely,

Herm Schneider, ATC
Head Athletic Trainer

HS:nn

333 W. 35th STREET
CHICAGO, IL 60616
312.924.1000

資料2　New England Patriots

October 15, 1998

Mr. ☐☐☐☐☐☐☐
SwimEx Systems
373 Market Street
Warren, RI 02885

Dear☐☐☐:

We are completely settled in with the new SwimEx pool at Foxboro Stadium. As you know, the New England Patriots have been using a SwimEx for over a decade, but during much of that time the players had to leave the training building to benefit from SwimEx aquatic therapy. Now, we are totally self-sustaining. I even would go so far as to say that all we need for every rehabilitation stage, from non-weight bearing to progressive weight bearing exercise, is covered by the arrangement and uniqueness of our SwimEx 600T.

The SwimEx pool has been used in treating All-Pro Defensive End Willie McGinest's sprained knee, All-Pro Tight End Ben Coates' post-operative knee, Place Kicker Adam Vinatieri's strained groin and Middle Linebacker Marty Moore's fractured rib. We've also found the pool uniquely suited to athletes with degenerative joint problems. The SwimEx allows them to deload the troubled joints and simulate the very exercises – biking, running, stepping – that aggravate their discomfort during land-based training.

More often than not, my case load includes the delicate treatment of an ACL reconstruction or a strained patella tendon. For this reason, the running pad has become the most significant of the SwimEx pool's various work stations. Since the pad is angulated forward, a player with a traumatized lower extremity avoids the vector loading that cannot be escaped with a traditional underwater treadmill. Of course, if an athlete wants a true treadmill effect for conditioning, he can use the pool's flat bottom and run in place against the current.

Thank you for all your support through the years and for getting us up and running with the SwimEx, which makes our facility complete. With the ability to combine the SwimEx pool's current and work stations with the use of other devices such as paddles and tubings, we have no limitations on what we can do for upper and lower body conditioning as well as rehabilitation.

Sincerely,

Ron O'Neil, A.T.C.
Head Athletic Trainer
New England Patriots

New England Patriots L.P. • Foxboro Stadium • 60 Washington Street • Foxboro, Massachusetts 02035-1388
Administration: 508-543-8200 • Tickets: 508-543-1776 • Fax: 508-543-0285

資料3　Milwaukee Brewers

MILWAUKEE BREWERS BASEBALL CLUB

Mr. □□□□□□
SwimEx
Division Manager
373 Market St.
Warren, RI 02885

April 2, 2001

In our inaugural season at Miller Park in Milwaukee, it has become obvious that our SwimEx 700 has quickly become the jewel of the training room facility. We now enjoy the benefits of hydro-therapy before and after every home game. The SwimEx greatly expands our rehabilitation capabilities. The ability to "unload" the acute player, and begin rehab soon after, has produced a quicker return to play. Furthermore, we have continued to use the SwimEx while on the road at visiting stadiums.

Our pitchers use the SwimEx for their post game flush, upper-body exercises and cardiovascular workouts. It has truly become the perfect adjunct to our in-season conditioning program. Because major league baseball is played practically every day, our position players utilize the SwimEx after games to decrease muscle soreness/stiffness. Their willingness and enthusiasm to exercise in the water speaks volumes about the benefits they derive from the SwimEx.

I feel the SwimEx helps fill the void in the rehabilitation phase between training room and on the field activities. We look forward to implementing and expanding the SwimEx protocols and conducting research on major league players.

Sincerely,

John Adam, ATC
Head Athletic Trainer

MILLER PARK • ONE BREWERS WAY • MILWAUKEE, WISCONSIN 53214 • 414.902.4400
WWW.MILWAUKEEBREWERS.COM

資料 4　Florida Marlins

FLORIDA MARLINS BASEBALL CLUB
1997 WORLD CHAMPIONS

LARRY M. STARR, M. ED., ATC/L
HEAD ATHLETIC TRAINER

☐☐☐☐☐☐☐
SwimEX, L.L.C.
373 Market St.
P.O. Box 328
Warren, RI 02885-3160

February 7, 2001

Dear☐☐☐:

　　After having our SwimEx in house for approximately 1 year, I wanted to take the oppurtunity to let you know what a valuable tool it has become in our training room. We have found the unit to be especially helpful for the sport specific needs of the professional baseball player. With a long season of almost 200 games, we needed another medium to keep our players at a high level of fitness. The SwimEx meets that need by allowing our players to workout in an environment that is easy on the body while maintaining adequate levels of cardio-vascular and muscular fitness. In addition, our rehabilitation programs can be completed in a faster and more efficient way with the use of the Aquatic Therapy.

　　Two players that have benefitted highly from the SwimEx therapy are Cliff Floyd and Ryan Dempster. Cliff, who has a history of injuries including two knee surgeries, returned much faster from this summer's scope with the help of the SwimEx. After completing his rehab, he found that it was also an excellent way for him to loosen up before a game and started doing it on a daily basis. Ryan, our All-Star pitcher, found the SwimEx to be most useful to speed his recovery from pitching by doing an intense workout the day after pitching. He would do this routinely during his last fifteen starts.

　　I also wanted to thank SwimEx for having David Brennen come to our facility at Pro Player Stadium and give me and my staff very helpful training seminars on the applications and protocol with the SwimEx. Since this is a rather new area in athletic training, his expertise and guidance is of utmost importance for the proper use of this excellent tool. I look forward to meeting with him again when we are in Houston and corresponding with him as warranted.

　　Again, we are most excited about the many ways we can use the SwimEx and how it has improved the quality of care of our players.

Sincerely,

Larry M. Starr, Med, ATC/L

PRO PLAYER STADIUM • 2267 N.W. 199TH STREET • MIAMI, FLORIDA • 33056 • PHONE: (305) 626-7400 • FAX: (305) 626-7433

トしている（資料2）。

　MLBミルウォーキー・ブリューワーズのヘッドトレーナーであるジョン・アダム氏（2001年）によると、『スイメックス700Tモデルを導入したことで、トレーナー室における重要性がさらに増してきている。我々は、全てのホームゲームの前後にスイメックスを利用し、アクアセラピーの効果を感じている。特に、急性傷害を持った選手に関して、早期にリハビリが開始でき、早期復帰を可能にしている。また、遠征先の球場でもスイメックスを使わせてもらっている。我々の投手は、試合後の疲労回復、上肢エクササイズ、心肺機能トレーニングのためにスイメックスを利用し、シーズン中のコンディショニングプログラムの一部になっている。また、野手に関しても試合後の筋緊張や筋肉痛を軽減するためにスイメックスを用いている。スイメックスは現場復帰に向けてのリハビリ過程においてなくてはならないものであり、今後スイメックスによるエクササイズプロトコールがさらに普及・発展することを期待している』とコメントしている（資料3）。

　MLBフロリダ・マーリンズのヘッドトレーナーであるラリー・スター氏（2001年）によると、『メジャーリーグでは200試合近くの長いシーズンを高いレベルで戦い抜かなくてはならない。スイメックスは選手たちのそんな要求を十分に満たし、筋力や心肺機能を高いレベルで維持することが可能となった。また、リハビリプログラムにおいては、アクアセラピーを導入することにより、より早くより効率的に実施することができるようになった。そんなスイメックスの恩恵を受けたのが、クリフ・フロイドとライアン・デンプスターであった。クリフ・フロイドは二度の膝の手術を受け、スイメックスにより早期復帰を実現させた。また、彼は試合前のウォームアップにスイメックスを使用している。ライアン・デンプスター（オールスターの投手）は、登板の翌日にはスイメックスによる運動強度の高いコンディショニングプログラムを実施することで疲労回復を早めている。スイメックスとアクアセラピーのプロトコールやコンディショニングプログラムの指導をしてもらったブレナン氏に感謝している。』とコメントしている（資料4）。

(5) 充実したソフトウェア

・アメリカでの豊富な臨床例に基づくリハビリテーションプログラム（一般整形外科用、アスレティックリハビリテーション用）、スポーツチームなどで実践されているコンディショニングプログラム、頻繁に開催されているスイメックスセミナーなど、スイメックスを用いたアクアセラピーやアクアエクササイズのためのソフトウェアが充実している。

(6) 水温調節

- スイメックス本体に組み込まれたヒーターにより一年中快適な水温で使用することができる。また、使用目的に応じた水温調節も可能である。
- スイメックス本体の断熱設計ならびにサーマルブランケットにより放熱を抑え、電気代の節約ができる。
- 水の表面積が小さいため、また、使用しない場合はサーマルブランケットのカバーをするため水の蒸発量が少なく、通常の室内プールとは異なり、住宅用の浴室換気設備で十分に対応ができる。

(7) 自動浄化装置

- スイメックス本体に組み込まれたフィルターによる水の連続浄化ができる。
- オゾネーターによる効率的なオゾン殺菌ができる。
- 自動浄化装置と殺菌剤の併用により、水の交換は使用頻度の高い病院でも数ヶ月に一度で十分対応できる。

(8) 消費電力

- 断熱設計とサーマルブランケットによりスイメックスの放熱を抑制することができる。そのため、ヒーターの電気容量は6kwであるにも関わらず、一旦水温が設定温度に到達すると、ヒーターは僅かな放熱を補うのみとなる。スイメックスを屋内に設置した例では、ヒーターをそれ程使うことがない場合もある。
- 消費電力は、パドルの運転に2～6kwであり、ポンプやその他の付属品においては1～2kwである。

(9) メンテナンスの簡便さ

- パドル駆動のギアボックスは1年に一度のオイル交換が必要である。
- ベアリングとモーターの合計4ヶ所には、年2～4回のグリースアップが必要である。
- フィルターのカートリッジは、使用頻度の高い病院でも数ヶ月に一度の清掃と1年に一度のカートリッジ交換で対応できる。
- オゾネーター(自動浄化装置)のメンテナンスは不要である。
- 循環ポンプの給油は不要である。
- 水は水道栓からホースによる給水が可能である。

- 排水に関しては、フィルター用のポンプを利用して地上排水にすることも可能である。
- プール内の保水量は約10m^{3}であり、従来の静水プールと比較しても大幅に少なく、水の管理が容易である。

(10) 安全性

- 流水に流されて下流の壁に到達すると安全スイッチが自動的に作動して流水が停止する。
- 流水速度のコントロールは、ワンタッチで100段階（0～99）に切り替えることができる。
- スイメックスの周辺のコントローラーは感電の危険を回避するために、全て空気信号によるコントロールになっている。
- アメリカの厳しい安全基準を満たしている。

2. 多くの実績

- 世界中で1,500台以上が設置されており、病院やスポーツクリニックをはじめ、プロスポーツチーム（NBA、NFL、MLB、NHL）、大学スポーツ、オリンピックチームなどのリハビリテーション、コンディショニング、トレーニング等に利用されている。
- 日本でも1998年以降20台以上が設置されており、個人病院、個人住宅、民間の接骨院、プロ野球チームなどでリハビリテーションやコンディショニング等に利用されている。

(1) アメリカでの実績リスト

MLB（17チーム）：

　Anaheim Angels、Arizona Diamondbacks、Atlanta Braves、Chicago White Sox、Cincinnati Reds、Cleveland Indians、Colorado Rockies、Detroit Tigers、Florida Marlins、Houston Astros、Kansas City Royals、Los Angeles Dodgers、Milwaukee Brewers、Pittsburgh Pirates、San Francisco Giants、Seattle Mariners、Texas Rangers

NFL（10チーム）：

　Atlanta Falcons、Baltimore Ravens、Carolina Panthers、Cleveland Browns、Denver Broncos、Detroit Lions、Green Bay Packers、New England Patriots、Pittsburgh Steelers、San Diego Chargers

NBA（9チーム）：

　Boston Celtics、Cleveland Cavaliers、Detroit Pistons、Houston Rockets、Los Angeles

Lakers、Miami Heat、Philadelphia 76ers、Phoenix Suns、Utah Jazz

NHL（2チーム）：

Dallas Stars、Phoenix Coyotes

大学（38大学）：

Anderson University、University of Arkansas、Arizona State University、Califirnia University、University of California, Chico、UCLA、University of Central Florida、Concordia University、University of Houston、Iowa State University、Kansas State University、University of Kentucky、Louisiana Tech University、University of Louisville、University of Michigan、Michigan State University、Mid America Nazarene State University、University of Missouri、University of Nebraska at Omaha、University of North Carolina、University of Notre Dame、Oakland University、University of Oklahoma、Oregon State University、Otterbein College、University of Pittsburgh、University of Rhoda Island、Sacred Heart University、San Diego State University、University of Southern Mississippi、University of Texas、Texas A&M at Kingsville、Towson University、Virginia Commonwealth University、University of Washington、Western Kentucky University、Western Michigan University、University of Wisconsin at La Cross

その他：

U.S. Air Force Academy、U.S. Naval Academy、U.S. Olympic Team（Colorado Springs）

（2）日本の実績リスト

住宅用：

A邸（宮崎県延岡市）、B邸（北海道札幌市）、C邸（大分県由布市）、D邸（静岡県沼津市）、E邸（兵庫県西宮市）、F邸（神奈川県横浜市）、G邸（秋田県能代市）、Dog Heart（愛知県豊川市）

医療・介護用：

鶴田病院（宮崎県西都市）、あたご整形外科（宮崎県延岡市）、ドクターK.クリニック（千葉県印旛村）、新潟臨港総合病院（新潟県新潟市）、岡村一心堂病院（岡山県岡山市）、新発田病院（新潟県新発田市）、特別養護老人ホーム（群馬県太田市）、介護老人保健施設（群馬県太田市）

スポーツ・コンディショニング用：

永田接骨院（静岡県焼津市）、西岡接骨院（兵庫県西宮市）、吉田温水プール（広島県安芸高田市／サンフレッチェ広島）、阪神タイガース（兵庫県西宮市）、オリックス・バッファローズ（兵庫県神戸市）

3. スイメックスのワークステーション

　スイメックスモデル600T及び700Tは8種類の各種アクアエクササイズに適したワークステーションを備えている（図4-1及び図5-1参照）。それぞれのワークステーションの特徴は下記の通りである。

ステーションA
　スイメックスの底から高さ38cmのエクササイズベンチ。ステッピングのエクササイズやバランスなどの固有感覚受容器エクササイズとして用いられる。また、前後方向への動きを伴うプライオメトリックスの台としても活用できる。

ステーションB
　スイメックスの底から高さ61cmの幅の広い多目的プラットフォーム。浅水での下肢エクササイズやストレッチのために用いられる。

ステーションC
　アジリティーエクササイズ用のプライオメトリックスパッド。機能的なラテラル動作（横の動き）やアキレス腱や下腿などの下肢末梢部位のストレッチのために用いられる。

ステーションD
　スイメックスの底から高さ74cmの多目的プラットフォーム。浅水で下肢エクササイズや座位で体幹エクササイズを実施するために用いられる。

ステーションE
　スイメックスの底から高さ91cmの多目的プラットフォーム。座位で膝関節や足関節などの下肢及び上肢のオープンキネティックエクササイズを実施するために用いられる。

ステーションF
　水深122cmと152cmに調節可能なメインのワークステーション。体幹、上肢、下肢、ウォーキングやジョギング、固有感覚受容器のエクササイズ、水泳、ランニング、競技特性に応じた動作ドリルなどを実施するために用いられる。

ステーションG
　40度傾斜したランニングパッド。瞬発的なランニングスタートや動的な固有感覚受容器の向上のために用いられる。

ステーションH（700Tの場合のみ）

水深183cmに調節可能なワークステーション。足がつかない深水で、荷重負荷なしの状態でエクササイズをする際に用いられる。

第 3 章　アクアエクササイズ

　あらゆるエクササイズプログラムを実施するにあたり、傷害タイプ、損傷の度合い、組織への影響などに関する知識を持っておくことが大切である。エクササイズの強度や時間が過度になることによって、リハビリテーションのプロセスを阻害し、患者やスポーツ選手の症状を悪化させることも起こりうる。下記に示す適応と禁忌は、患者やスポーツ選手に対するアクアエクササイズのガイドラインである[1、19]。

1. アクアエクササイズの適応と禁忌

適応:
　アクアエクササイズの適応は下記の通りである。
・腰椎及び脊椎に関わる問題、筋骨格系の障害や外傷
・術前・術後のリハビリテーション
・神経系の障害や外傷、関節炎の症状、代謝系の問題
・呼吸循環器系のコンディショニング
・一般的な健康増進、筋力強化、リラクゼーション、ウェイトコントロール
・競技特性に応じた強化及びコンディショニングプログラム

禁忌:
　アクアエクササイズの禁忌は下記の通りである。
・重度な高血圧症及び低血圧症、呼吸疾患、てんかんを持っている場合
・膀胱炎、膣炎、感染症、あるいは開放性創傷を持っている場合
・最近3ヶ月間に放射線治療を受けた場合
・38度以上の熱がある場合

・水質管理用の化学物質に対するアレルギーを持っている場合

2. アクアエクササイズの5つの基本プログラム

(1) 腰椎安定化プログラム
　腰椎安定化プログラムは、腰椎を支持し、安定させている筋骨格系をターゲットにしているエクササイズプログラムである。主な目的は、痛みや筋緊張の軽減、アンバランスな姿勢の改善、腰椎部分と関連している下肢動作の改善である。

(2) 頸椎安定化プログラム
　頸椎安定化プログラムは、頸椎を支持し、安定させている筋骨格系をターゲットにしているエクササイズプログラムである。主な目的は、痛みや筋緊張の軽減、アンバランスな姿勢の改善、頸椎部分と関連している上肢動作の改善である。

(3) 下肢リハビリテーションプログラム
　下肢リハビリテーションプログラムは、股関節、膝関節、足関節の3つの部位のリハビリテーションを目的にし、それぞれ部位別のプロトコールを持っている。これらのプログラムは、受傷後や術前・術後のリハビリに加えて、慢性的な関節障害に対しても用いられる。

(4) 上肢リハビリテーションプログラム
　上肢リハビリテーションプログラムは、肩関節、肘関節、手・手関節の3つの部位のリハビリテーションを目的にし、それぞれ部位別のプロトコールを持っている。これらのプログラムは、受傷後や術前・術後のリハビリに加えて、慢性的な関節障害に対しても用いられる。

(5) 心肺機能プログラム
　心肺機能プログラムは、呼吸循環系の改善・向上を目的としている。特に、腰、膝関節、足関節等の下肢に負担をかけないようにコンディショニングや体重コントロールをする際には非常に有効な方法である。

3. アクアエクササイズの基本プロトコール

　アクアエクササイズプログラムは、段階的に構築され、なおかつ、陸上でのリハビリプログラムに連続的につながる必要がある。

(1) フェーズ1：初期(導入期)

目的：
　痛みの軽減、関節可動域（ROM）の改善、そして患者のモチベーションの向上や自信を回復させること。

手順：
・水の環境に慣れさせて、リラクゼーションやスムーズな呼吸活動を促進させる。
・水の浮力を用いて、徐々にストレッチや関節可動域エクササイズ（受動的エクササイズから能動的エクササイズへ）を行わせることで、脊柱のニュートラルポジションを回復させる。

(2) フェーズ2：中期

目的：
　筋力や筋持久力を向上させながら関節近位部の安定化を図ること。

手順：
・水の抵抗を用いて、関節近位部の安定化を図る。
・荷重負荷や抵抗を増やし、エクササイズを単純な動きから機能的な動きに移行する。
・徐々にエクササイズの時間を長くし、陸上でのリハビリプログラムの導入を実施する。

(3) フェーズ3：後期(移行期)

目的：
　筋力や筋持久力のさらなる向上と陸上でのリハビリプログラムへのスムーズな移行をさせること。

手順：
・スポーツの競技特性に応じた機能的な動きを実施し、さらなる荷重負荷や抵抗の増大をする。
・徐々に陸上でのエクササイズを増やし、陸上でのリハビリプログラムへ完全に移行をする。

4. 基本エクササイズ

(1) ウォームアップエクササイズ

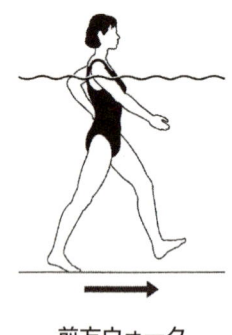

前方ウォーク

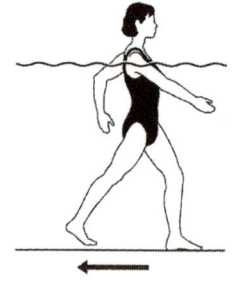

後方ウォーク

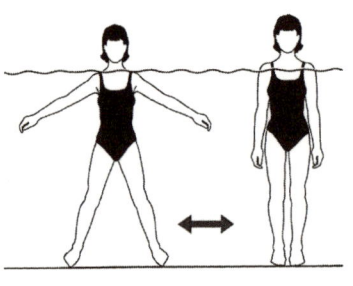

サイドステップ

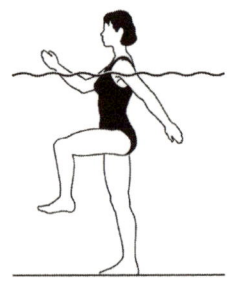

マーチング

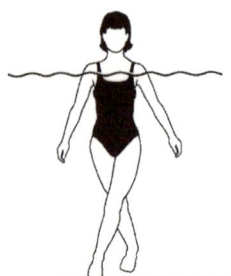

クロスオーバーステップ

(出所) Bate & Hanson, *Aquatic exercise therapy*, 1996 より引用

(2) 上肢ストレッチ

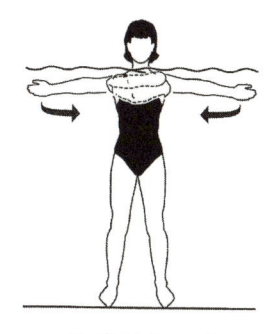

ハグストレッチ

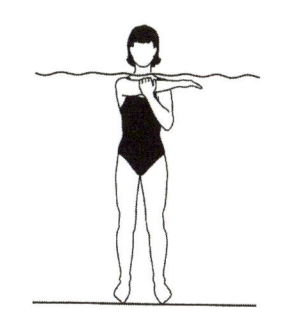

クロスショルダーストレッチ

オーバーヘッドストレッチ

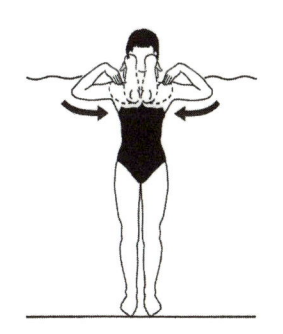

エルボータッチストレッチ

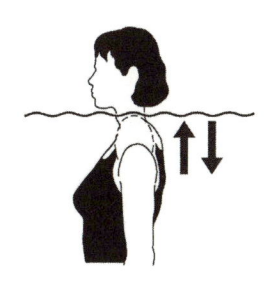

ショルダーシュラッグストレッチ

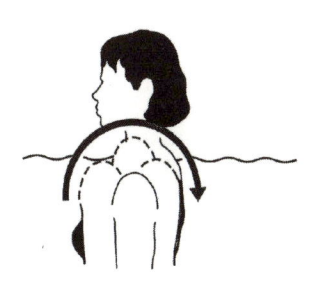

ショルダーロールストレッチ

第3章 アクアエクササイズ

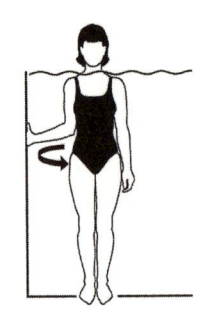

肩外旋ストレッチ

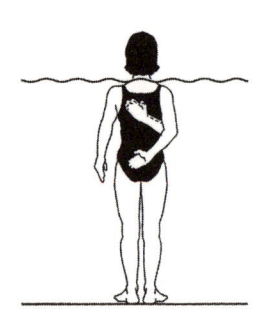

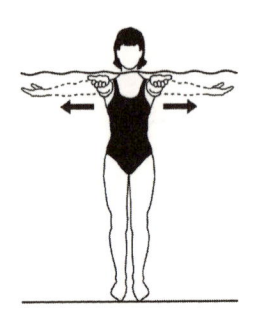

肩内旋ストレッチ

大胸筋ストレッチ

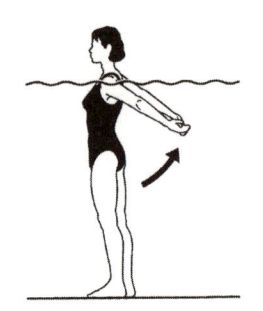

プルバックストレッチ

（出所）Bate & Hanson, *Aquatic exercise therapy*, 1996 より引用

(3) 体幹・下肢ストレッチ

脊柱伸展ストレッチ

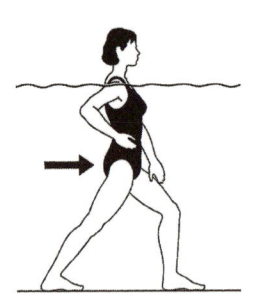

腸腰筋ストレッチ

大腿四頭筋ストレッチ 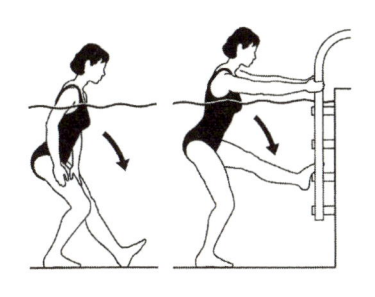　　　　　　　　ハムストリングスストレッチ

大腿筋膜張筋ストレッチ 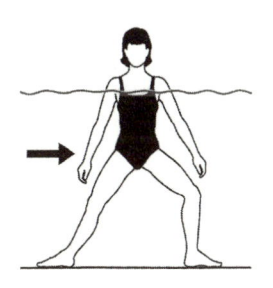　　　　　　　内転筋ストレッチ

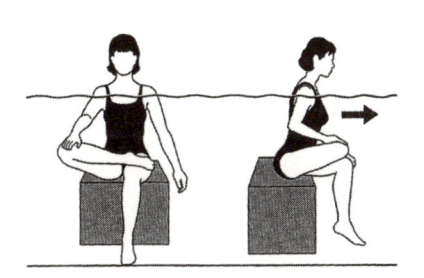

梨状筋ストレッチ 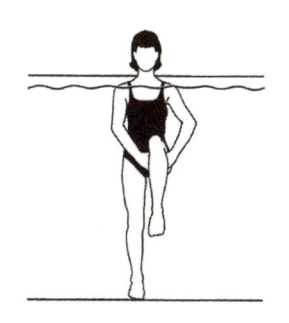　　　　　　　　　　殿筋群ストレッチ

第3章　アクアエクササイズ　　31

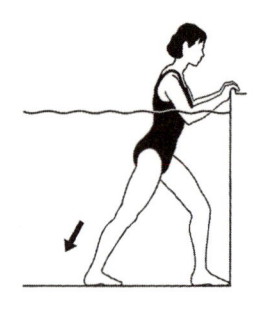

腓腹筋ストレッチ

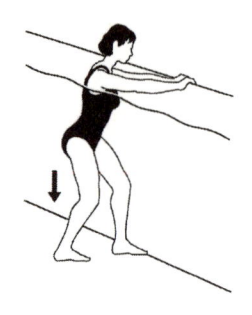

ヒラメ筋ストレッチ

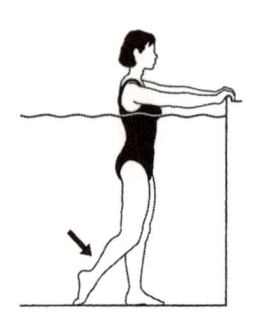

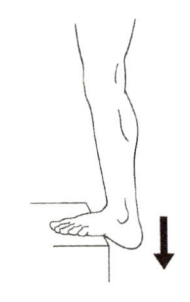

前脛骨筋ストレッチ

足底筋膜ストレッチ

（出所）Bate & Hanson, *Aquatic exercise therapy*, 1996 より引用

（4）上肢エクササイズ

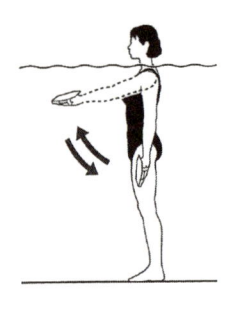

肩屈曲

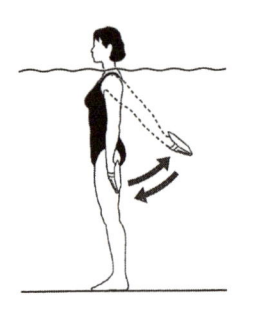

肩伸展

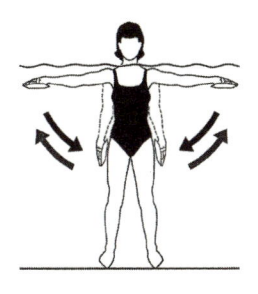

肩外転／内転

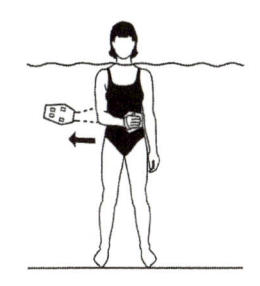

肩内旋／外旋

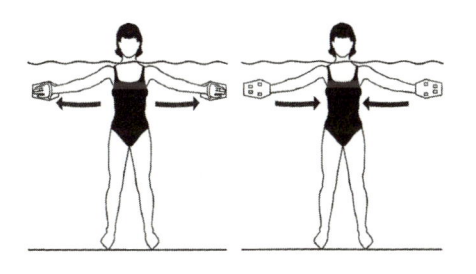

水平外転／内転

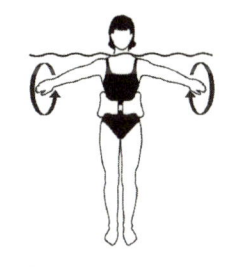

肩回旋

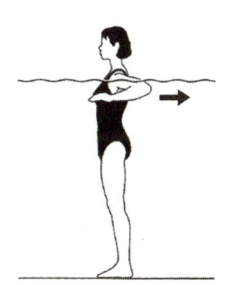

アームプルバック

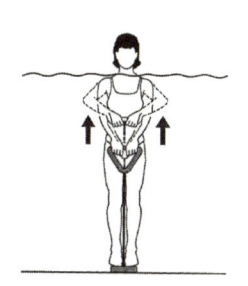

アップライトロウ

第3章　アクアエクササイズ

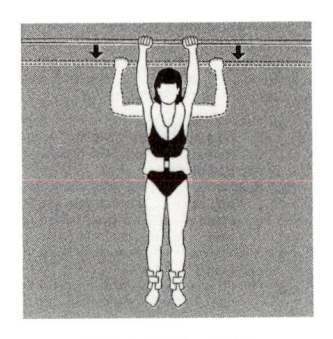

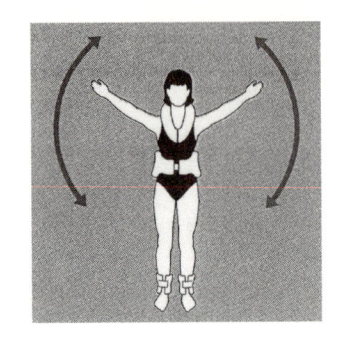

仰臥肩外旋（#1）　　　　　　　　　仰臥肩外転（#2）

#1及び#2は首、腰、足首に浮き具をつけて仰臥位で行う。

（出所）Bate & Hanson, *Aquatic exercise therapy*, 1996より引用

(5) 体幹・下肢エクササイズ

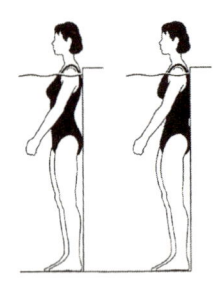

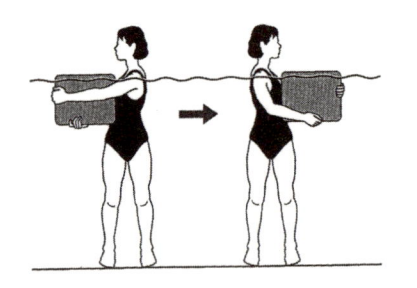

骨盤ティルト　　　　　　　　　　　トランクローテーション

股関節屈曲（SLR）　　　　　　　　　股関節伸展

股関節外旋／内旋

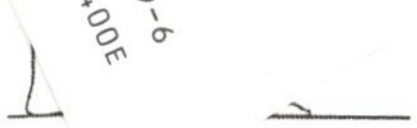

股関節外旋／内旋（股関節・膝90度）

股関節回旋

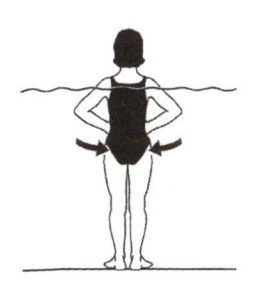

殿筋スクイーズ

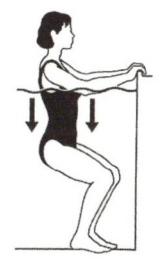

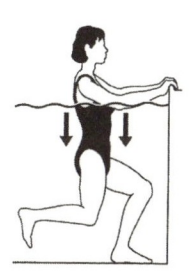

A：両脚　　　B：片脚

スクワット

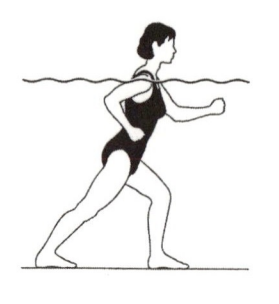

ランジ	ハムストリングカール
片足バランス立ち	ステップアップ
トウレイズ	ヒールレイズ

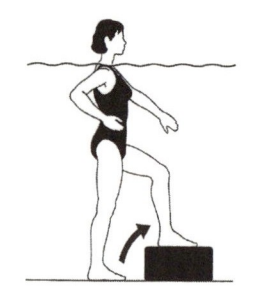

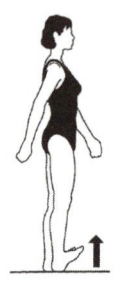

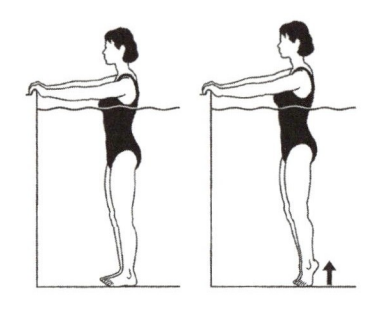

足首背屈 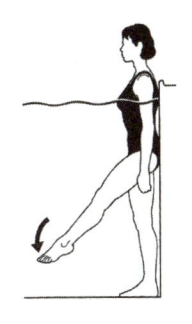　　　　　　　　　　　　　足首底屈

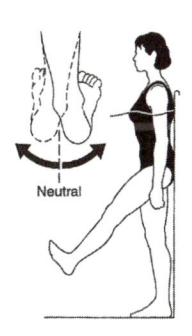

足首内反／外反 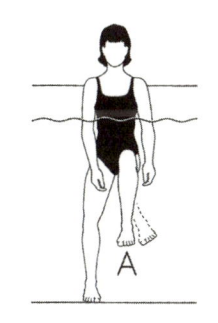　　　　　　　　　　アンクルアルファベット

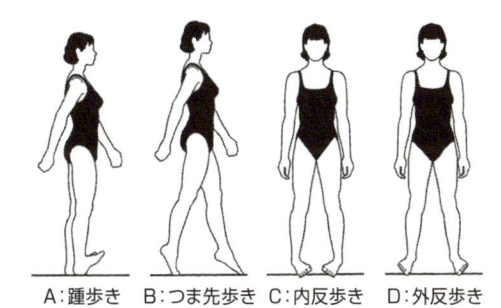

A：踵歩き　B：つま先歩き　C：内反歩き　D：外反歩き

アンクルウォーク　　　　　　　　　ホッピング

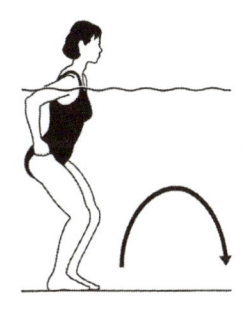

（出所）Bate & Hanson, *Aquatic exercise therapy*, 1996 より引用

第3章　アクアエクササイズ　　37

(6) コンディショニングエクササイズ

アクアサイクル（#1）

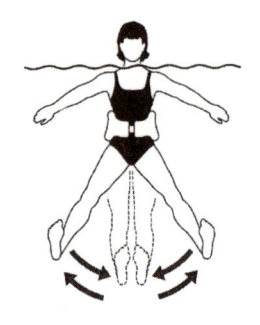

アクアジャックス（#2）

クロスカントリースキー（#3）

アクアランニング（#4）

バタ足（#5）

バタ足（フィンを用いて）（#6）

バタ足（仰臥位）（#7）　　　　　　　アクアランニング

#1〜#8は腰や足首等に浮き具やビート板を用いて深水で行う。

（出所）Bate & Hanson, *Aquatic exercise therapy*, 1996より引用

5. 部位別アクアエクササイズプログラム

(1) 腰椎アクアエクササイズプログラム(参照：ワークシートL1〜L3)

フェーズ1. 前期(実施回数：3〜6回)

　目的：徒手による触覚刺激や言語指示を用いて、下肢動作の個別運動をしながら体幹部の安定を図る。

		セット数	時間(分)	歩数(cpm)	流速(lam/f)	荷重負荷(%)
01	立位での殿筋／腹筋アイソメトリックス	1	2-3	0	0-2P	15-33
02	マーチング（腕を使わない）	1	2-4	30-60	0-2P	15-33
03	片足バランス立ち（上肢サポート）	1-2	2-3	0	0-2P	15-33
04	立位股関節屈曲（SLR）	1-2	20-60秒	35-40	0-2P	15-33
05	立位股関節外転／内転	1-2	20-60秒	35-40	0-2P	15-33
06	立位股関節伸展	1-2	20-60秒	35-40	0-2A	15-33
07	下肢ストレッチ（数種目）	1-2	15-20秒	0	0	33-55
08	アクアサイクル（股関節屈曲／伸展）	1-2	2-5	35-40	0-2A	0
09	アクアジャックス（股関節外転／内転）	1-3	1-2	35-40	0-2A	0

フェーズ2. 中期(実施回数：3〜6回)

　目的：脊柱のニュートラルポジションを保ちながら各種の下肢エクササイズを行う。

		セット数	時間（分）	歩数(cpm)	流速(lam/f)	荷重負荷(%)
01	前方／後方ウォーキング	1-2	2-5	50-60	2-4A/P	33-55
02	サイドステップ	1-2	2-4	40-60	2-4P	33-55
03	マーチング（腕をつかう）	1-2	2-4	40-60	2-4P	33-55
04	立位股関節内旋／外旋	1-2	30-90秒	40-45	2-4P	33-55
05	立位股関節回旋	1-2	30-90秒	40-45	2-4P	33-55
06	ヒールレイズ（両足）	1-2	30-90秒	40-50	2-4P	33-55
07	ミニスクワット（両脚）	1-2	30-90秒	40-50	2-4P	33-55
08	下肢ストレッチ（数種目）	1-2	15-20秒	0	0	33-55
09	肩屈曲	1-2	30-90秒	40-50	2-4P	15
10	肩水平外転／内転	1-2	30-90秒	40-50	2-4P	15
11	ステップアップ	1-2	1-2	40-50	2-4P	15-55
12	ミニクロスカントリースキー	1-2	1-3	40-50	1-2A	0
13	アクアランニング	1-2	1-5	50-60	1-2A	0

フェーズ3. 後期（実施回数：3～6回）

目的：流水やパドルなどによる漸増負荷抵抗による強化とコンディショニングを重点におく。また、自宅エクササイズへの移行も考慮する。

		セット数	時間（分）	歩数(cpm)	流速(lam/f)	荷重負荷(%)
01	前方／後方ウォーキング	1	2-5	55-65	3-5A/P	55
02	立位股関節屈曲／伸展	2-3	30-90秒	40-50	3-5A/P	55
03	ヒールレイズ（片足）	1-2	30-90秒	40-60	3-5A/P	55
04	ミニスクワット（片脚）	1-2	30-90秒	40-60	3-5A/P	55
05	ランジ	1-2	30-90秒	40-50	2-4A/P	55
06	ラテラルステップアップ	1-2	1-3	40-50	2-4A/P	55
07	ラテラルステップダウン	1-2	1-3	50-70	2-4A/P	55
08	トランクローテーション（ビート板使用）	1-2	1-3	40-50	2-4A/P	33
09	バタ足（仰臥位）	1-2	30-90秒	80-100	3-4A	0
10	アクアランニング（浅水にて）	2-8	1-10	60-80	2-4A	15-55

| 11 | クロスカントリースキー | 2-8 | 1-10 | 40-50 | 1-2A | 0 |

*歩数はメトロノームによるリズム設定で実施する（＝beat/min）
*流速（lam/f）はスイメックスのスイモメーターの単位である。A、P、Lは、流水の流れに対する身体の向きを示し、Aは前方、Pは後方、Lは側方を向くという意味である。
*荷重負荷（％）は、水深を変えることによって荷重負荷を変える（33〜55％は水深122cm、15〜33％は水深152cm、0％は水深183cm）。

(2) 頸椎アクアエクササイズプログラム（参照：ワークシートC1〜C3）

フェーズ1. 前期（実施回数：3〜6回）

目的：徒手による触覚刺激や言語指示を用いて、上肢の個別運動をしながら頸部の安定を図る。

		セット数	時間（分）	歩数（cpm）	流速（lam/f）	荷重負荷（％）
01	座位姿勢確認	1	2-3	0	0	0
02	座位肩屈曲／伸展	1-2	20-40秒	35-40	0-2L	0
03	座位肩外転／内転	1-2	20-40秒	35-40	0-2L	0
04	座位肩水平外転／内転	1-2	20-40秒	35-40	0-2L	0
05	座位肘屈曲／伸展	1-2	20-40秒	35-40	0-2L	0
06	座位アームプルバック	1-2	20-40秒	35-40	0-2L	0
07	座位肩内旋／外旋	1-2	20-40秒	35-40	0-2L	0
08	座位肩回旋	1-2	20-40秒	35-40	0-2L	0
09	上肢ストレッチ（数種目）	1-2	15-30秒	0	0	15-55
10	アームサイクル（UBEのように）	1-2	1-3	40-50	0-1L	0
11	ミニクロスカントリースキー	1-2	1-3	40-50	0-1A	0
12	アクアサイクル	1	1-3	40-50	0-1A	0

フェーズ2. 中期（実施回数：3〜6回）

目的：脊柱のニュートラルポジションと肩甲骨の安定を保ちつつ、各種の上肢運動を行う。

		セット数	時間（分）	歩数（cpm）	流速（lam/f）	荷重負荷（％）
01	立位姿勢確認	1	2-3	0	0	10-15
02	立位肩屈曲／伸展	1-2	30-60秒	35-45	2-4P	10-15

		セット数	時間	歩数(cpm)	流速(lam/f)	荷重負荷(%)
03	立位肩外転／内転	1-2	30-60秒	35-45	2-4P	10-15
04	立位肩水平外転／内転	1-2	30-60秒	35-45	2-4P	10-15
05	立位肘屈曲／伸展	1-2	30-60秒	35-45	2-4P	10-15
06	立位アームプルバック	1-2	30-60秒	35-45	2-4P	10-15
07	立位肩内旋／外旋	1-2	30-60秒	35-45	2-4P	10-15
08	マーチング（腕ふり）	1-2	1-3	60-70	2-4P	10-15
09	上肢ストレッチ（数種目）	1-2	15-30秒	0	0	33-55
10	クロスカントリースキー	1-2	1-3	30-50	0-1A	0
11	アクアジャックス（腕外転／内転）	1-2	1-3	30-40	0-1A	0

フェーズ3. 後期（実施回数：3〜6回）

目的：流水やパドルなどによる漸増負荷抵抗による強化とコンディショニングのための運動を中心とする。また、自宅エクササイズへの移行も考慮する。

		セット数	時間(分)	歩数(cpm)	流速(lam/f)	荷重負荷(%)
01	立位肩回旋	2-3	30-60秒	45-60	3-5P	10-15
02	立位肩内旋／外旋	1-2	30-60秒	35-45	3-5P	10-15
03	立位肩PNFパターン	1-2	30-60秒	35-45	3-5P	10-15
04	立位肩屈曲／伸展（ボール使用）	1-2	30-60秒	35-45	3-5P	10-15
05	立位肩水平外転／内転（ボール使用）	1-2	30-60秒	35-45	3-5P	10-15
06	立位肩PNFパターン（ボール使用）	1-2	30-60秒	35-45	3-5P	10-15
07	マーチング（＆非同調性の上肢運動）	1-2	2-3	60-70	2-5P	10-15
08	上肢ストレッチ（数種目）	1-2	30-60秒	0	0	33-55
09	アクアサイクル／アームサイクル等	2-3	2-3	50-60	2-5A	0
10	アクアランニング	3-6	2-3	40-70	2-6A	0
11	水泳（クロール、平泳ぎ、背泳ぎ）	1-2	1-3	30-50	3-7A	0

*歩数はメトロノームによるリズム設定で実施する（＝beat/min）

*流速（lam/f）はスイメックスのスイモーターの単位である。A、P、Lは、流水の流れに対する身体の向きを示し、Aは前方、Pは後方、Lは側方を向くという意味である。

*荷重負荷（％）は、水深を変えることによって荷重負荷を変える（33〜55％は水深122cm、15〜33％は水深152cm、0％は水深183cm）。

(3) 股関節アクアエクササイズプログラム（参照：ワークシートH1～H3）

フェーズ1. 前期（実施回数：3～6回）

目的：疼痛のない関節可動域の拡大と筋スパズムや浮腫の軽減を図る。

		セット数	時間（分）	歩数（cpm）	流速（lam/f）	荷重負荷（％）
01	前方／後方ウォーキング	1	3-5	40-60	0-2P	15-33
02	サイドステップ	1	2-3	40-60	0-2L	15-33
03	腸脛靭帯ストレッチ	2	15-30秒	0	0	15-33
04	腸腰筋ストレッチ	2	15-30秒	0	0	15-33
05	内転筋ストレッチ	2	15-30秒	0	0	15-33
06	脊柱伸展ストレッチ	2	15-30秒	0	0	15-33
07	殿筋群ストレッチ	2	15-30秒	0	0	15-33
08	梨状筋ストレッチ	2	15-30秒	0	0	15-33
09	骨盤ティルト（背中を壁に向けて）	10-15	5-10秒	0	0	15-33
10	殿筋スクイーズ	10-15	5-10秒	0	0-2P	15-33
11	股関節屈曲（SLR）	1-2	30-40秒	30-40	0-2P	15-33
12	股関節外転／内転	1-2	30-40秒	30-40	0-2L	15-33
13	股関節伸展	1-2	30-40秒	30-40	0-2A	15-33
14	股関節回旋	1-2	30-40秒	30-40	0-2P	15-33
15	片足バランス立ち	1-2	30-60秒	0	0-2P	15-33
16	アクアサイクル	1-2	2-5	40-50	0-2A	0
17	アクアジャックス	1-2	1-2	40-60	0-2A	0

フェーズ2. 中期（実施回数：3～6回）

目的：筋力、固有受容器及びコーディネーションの向上と呼吸循環系機能の向上のために衝撃のない運動を導入する。

		セット数	時間（分）	歩数（cpm）	流速（lam/f）	荷重負荷（％）
01	前方／後方ウォーキング	1	3-5	40-60	0-2AP	33-55
02	サイドステップ	1	2-3	40-60	0-2L	33-55
03	フェーズ1の3から8	2	30-60秒	0	0	33-55

		セット数	時間	歩数 (cpm)	流速 (lam/f)	荷重負荷 (%)
04	股関節屈曲／伸展	2	30-60秒	40-60	2-3A/P	33-55
05	スクワット（両脚）	2	30-60秒	40-60	2-3A/P	33-55
06	ヒールレイズ（両足）	2	30-60秒	40-60	2-3A/P	33-55
07	ステップアップ（30cmの高さ）	2	1-2	40-60	2-3A/P	15-55
08	ラテラルステップアップ	2	1-2	40-60	2-3A/P	15-55
09	股関節内旋／外旋	2	30-60秒	40-60	1-3L	33-55
10	アクアランニング	2-5	2-5	50-65	0-2A	0
11	クロスカントリースキー／アクアジャックス	2-5	1-2	40-60	0-2A	0

フェーズ3. 後期（実施回数：3～6回）

目的：筋骨格系に対する強化及び持久力向上のためのロウインパクトの心肺機能プログラムを導入する。また、自宅エクササイズへの移行も考慮する。

		セット数	時間（分）	歩数 (cpm)	流速 (lam/f)	荷重負荷 (%)
01	スクウェアパターンウォーキング	1	3-5	40-60	0-2APL	33-55
02	サイドステップ	1	2-3	40-60	0-2L	33-55
03	フェーズ1の3から8	2	45-90秒	0	0	33-55
04	股関節内旋／外旋（股関節・膝90度）	2	30-60秒	40-60	2-3A/P	33-55
05	スクワット（片脚）	2	30-60秒	40-60	2-3A/P	33-55
06	ヒールレイズ（片足）	2	30-60秒	40-60	2-3A/P	33-55
07	ステップダウン（30cmの高さ）	2	1-2	40-60	2-3A/P	15-55
08	ラテラルステップダウン（30cmの高さ）	2	1-2	40-60	2-3L	15-55
09	アクアランニング	2-5	1-5	55-100	2-4A	33-55

*歩数はメトロノームによるリズム設定で実施する（= beat/min）

*流速（lam/f）はスイメックスのスイモメーターの単位である。A、P、Lは、流水の流れに対する身体の向きを示し、Aは前方、Pは後方、Lは側方を向くという意味である。

*荷重負荷（%）は、水深を変えることによって荷重負荷を変える（33～55%は水深122cm、15～33%は水深152cm、0%は水深183cm）。

（4）膝関節アクアエクササイズプログラム（参照：ワークシートK1～K3）

フェーズ1. 前期（実施回数：3～6回）

目的：疼痛のない関節可動域の拡大と筋スパズム及び浮腫の軽減を図る。

		セット数	時間 (分)	歩数 (cpm)	流速 (lam/f)	荷重負荷 (%)
01	前方ウォーキング	1	3-5	40-60	0-2A	15-33
02	下肢ストレッチ（数種目）	2	15-30秒	0	0	15-33
03	1/4スクワット（両脚）	1-2	30-60秒	35-40	0-2P	15-33
04	トウレイズ（両脚）	1-2	30-60秒	35-40	0-2P	15-33
05	股関節屈曲（膝屈曲位）	1-2	30-60秒	35-40	0-2P	15-33
06	股関節伸展（膝屈曲位）	1-2	30-60秒	35-40	0-2A	15-33
07	ハーフランジ	1-2	30-60秒	35-40	0-2A/P	15-33
08	股関節外転	1-2	30-60秒	35-40	0-2L	15-33
09	股関節内転	1-2	30-60秒	35-40	0-2L	15-33
10	ハムストリングカール（股関節90度）	1-2	30-60秒	30-40	0-2P	15-33
11	アクアサイクル（深水にて）	1-2	2-4	40-50	0-2A	0
12	アクアジャックス（深水にて）	1-2	2-4	30-40	0-2A	0

フェーズ2. 中期（実施回数：3〜6回）

目的：筋力、固有受容器及びコーディネーションの向上と呼吸循環系機能の向上のために衝撃のない運動を導入する。

		セット数	時間 (分)	歩数 (cpm)	流速 (lam/f)	荷重負荷 (%)
01	前方／後方ウォーキング	1-2	3-5	40-60	0-2AP	33-55
02	サイドステップ	1	2-3	40-60	0-2APL	33-55
03	下肢ストレッチ（数種目）	2	30-60秒	0	0	33-55
04	ランジ	1-2	30-60秒	30-50	1-2A/P	33-55
05	1/4あるいは1/2スクワット（片脚）	2	30-60秒	40-45	2-3A/L	33-55
06	トウレイズ（片足）	1-2	30-60秒	40-60	2-3A/P	33-55
07	バタ足（仰臥位でフィンを用いて）	3-5	15-30秒	40-50	2-4A	0
08	アクアサイクル（深水にて）	1-3	1-3	40-50	0-2A	0
09	アクアジャックス（深水にて）	1-3	1-3	50-60	0-2A	0
10	ミニクロスカントリースキー（深水にて）	1-3	1-3	30-40	0-2A	0

フェーズ3. 後期(実施回数：3〜6回)

目的：さらなる筋力及びコンディショニングの向上と日常生活レベルの活動及びスポーツ特有動作を導入する。また、陸上でのプログラム及びホームプログラムへの移行も考慮する。

		セット数	時間 (分)	歩数 (cpm)	流速 (lam/f)	荷重負荷 (%)
01	前方／後方ウォーキング	1	3-5	55-70	3-5AP	55
02	サイドステップ	1	3-5	60-70	3-5L	55
03	クロスオーバーステップ	1	3-5	60-70	3-5APL	55
04	ヒールレイズ（片足）	2	30-60秒	40-60	2-3A/P	55
05	下肢PNF（D1&D2パターン）	2	60-90秒	40-60	2-3A/P	33-55
06	ホッピング（両脚：横／前方）	2	60-90秒	40-60	0-3A/P	55
07	アクアランニング（ランニングパッド使用）	1-2	0.5-5	60-100	3-6A	33-55
08	レトロアクアサイクル（後ろ向き）	1-2	2-5	50-60	2-4A	0
09	アクアランニング（深水にて）	2-4	2-5	60-80	2-4A	0

*歩数はメトロノームによるリズム設定で実施する（＝beat/min）

*流速（lam/f）はスイメックスのスイモメーターの単位である。A、P、Lは、流水の流れに対する身体の向きを示し、Aは前方、Pは後方、Lは側方を向くという意味である。

*荷重負荷（%）は、水深を変えることによって荷重負荷を変える（33〜55%は水深122cm、15〜33%は水深152cm、0%は水深183cm）。

(5) 足関節アクアエクササイズプログラム(参照：ワークシートA1〜A3)

フェーズ1. 前期(実施回数：3〜6回)

目的：疼痛のない関節可動域の拡大と筋スパズム及び浮腫の軽減を図る。

		セット数	時間 (分)	歩数 (cpm)	流速 (lam/f)	荷重負荷 (%)
01	前方／後方ウォーキング	1	3-5	40-60	0-2AP	15-33
02	サイドステップ	1	2-3	40-60	0-2L	15-33
03	腓腹筋ストレッチ	1-2	15-30秒	0	0-2	15-33
04	ヒラメ筋ストレッチ	1-2	15-30秒	0	0-2	15-33
05	前脛骨筋ストレッチ	1-2	15-30秒	0	0-2	15-33
06	足底筋膜ストレッチ	1-2	15-30秒	0	0-2	15-33
07	足首背屈	1-2	30-40秒	30-45	0-2	15-33

08	足首底筋	1-2	30-40秒	30-45	0-2	15-33
09	足首外反／内反	1-2	30-40秒	30-45	0-2	15-33
10	アンクルアルファベット（足首で字を描く）	1-2	30-40秒	30-45	0-2	15-33

フェーズ2．中期（実施回数：3～6回）

目的：筋力、固有受容器及びコーディネーションの向上と呼吸循環系機能の向上のために衝撃のない運動を導入する。

		セット数	時間（分）	歩数（cpm）	流速（lam/f）	荷重負荷（%）
01	前方／後方ウォーキング	1-2	3-5	50-70	2-4AP	33-55
02	サイドステップ／クロスオーバーステップ	1-2	2-3	50-70	0-2APL	33-55
03	フェーズ1の3から6	2	30-60秒	0	0-2	33-55
04	ヒールレイズ（片足）	2	30-60秒	40-60	2-3A/P	33-55
05	アンクルウォーク（踵歩き）	1-2	30-60秒	50-70	2-4A	33-55
06	アンクルウォーク（つま先歩き）	1-2	30-60秒	50-70	2-4A	33-55
07	アンクルウォーク（足首内反歩き）	1-2	30-60秒	50-70	2-4A	33-55
08	アンクルウォーク（足首外反歩き）	1-2	30-60秒	50-70	2-4A	33-55
09	ホッピング（両脚）	1-2	30-60秒	40-60	2-4A	33-55
10	バタ足（フィンを用いて）	1-3	0.5-2	60-90	3-5A	0

フェーズ3．後期（実施回数：3～6回）

目的：さらなる筋力及びコンディショニングの向上と日常生活レベルの活動及びスポーツ特有動作を導入する。また、陸上でのプログラム及びホームプログラムへの移行も考慮する。

		セット数	時間（分）	歩数（cpm）	流速（lam/f）	荷重負荷（%）
01	前方／後方ウォーキング	1	3-5	60-70	3-5AP	33-55
02	クロスオーバーステップ	1	3-5	60-70	3-5APL	33-55
03	フェーズ1の3から6	2	30-60秒	0	0-2	33-55
04	ヒールレイズ（片足）	2	30-60秒	40-60	2-3A	33-55
05	ステップダウン（30cmの高さから）	2	1-2	40-60	2-3A/P	33-55
06	プライオメトリックス（横／前／後）	2	1-2	40-60	0-5APL	55

		セット数	時間（分）	歩数(cpm)	流速(lam/f)	荷重負荷(%)
07	アクアランニング（ランニングパッド使用）	1-2	0.5-5	60-100	3-6A	33-55
08	バタ足（膝屈曲／伸展）	1-2	1-2	50-60	2-4A	0
09	アクアランニング（深水にて）	2-4	2-5	60-80	2-4A	0

*歩数はメトロノームによるリズム設定で実施する（= beat/min）

*流速（lam/f）はスイメックスのスイモメーターの単位である。A、P、Lは、流水の流れに対する身体の向きを示し、Aは前方、Pは後方、Lは側方を向くという意味である。

*荷重負荷（%）は、水深を変えることによって荷重負荷を変える（33～55%は水深122cm、15～33%は水深152cm、0%は水深183cm）。

（6）肩部アクアエクササイズプログラム（参照：ワークシートS1～S3）

フェーズ1．前期（実施回数：3～6回）

目的：疼痛のない関節可動域の拡大と筋スパズム及び浮腫の軽減を図る。

		セット数	時間（分）	歩数(cpm)	流速(lam/f)	荷重負荷(%)
01	ハグストレッチ	1-2	15-30秒	0	0	15-55
02	クロスショルダーストレッチ	1-2	15-30秒	0	0	15-55
03	プルバックストレッチ	1-2	15-30秒	0	0	15-55
04	エルボータッチストレッチ	1-2	15-30秒	0	0	15-55
05	ショルダーシュラッグストレッチ	1-2	15-30秒	0	0	15-55
06	ショルダーロールストレッチ	1-2	15-30秒	0	0	15-55
07	肩内旋ストレッチ	1-2	15-30秒	0	0	15-55
08	肩外旋ストレッチ	1-2	15-30秒	0	0	15-55
09	立位肩屈曲	1-2	30-60秒	35-45	2-4P/A	10-15
10	立位肩伸展	1-2	30-60秒	35-45	2-4A/P	10-15
11	立位肩外転／内転	1-2	30-60秒	35-45	2-4L	10-15
12	立位肩内旋／外旋	1-2	30-60秒	35-45	2-4L	10-15
13	立位肩水平外転／内転	1-2	30-60秒	35-45	2-4L	10-15
14	立位肩回旋	1-2	30-60秒	35-45	2-4	10-15
15	仰臥位肩外旋	1-2	30-60秒	35-45	2-4	10-15
16	仰臥位肩外転挙上	1-2	30-60秒	35-45	2-4	10-15

フェーズ2. 中期(実施回数:3〜6回)

目的:筋力、固有受容器及びコーディネーションの向上と呼吸循環系機能の向上のために衝撃のない運動を導入する。

		セット数	時間(分)	歩数(cpm)	流速(lam/f)	荷重負荷(%)
01	フェーズ1の1から8	2	30-60秒	0	0-2	15-33
02	立位肩回旋	2	30-60秒	50-60	2-4	15-33
03	アップライトローイング	1-2	30-60秒	40-50	2-4	15-33
04	立位肩水平外転／内転	1-2	30-60秒	40-50	2-4L	10-15
05	立位トランクローテーション	1-2	30-60秒	30-40	2-4L	10-15
06	平泳ぎ	1-2	1-3	30-50	3-5A	0
07	アームサイクル(UBEのように)	1-2	1-3	30-50	2-4A	0

フェーズ3. 後期(実施回数:3〜6回)

目的:さらなる筋力及びコンディショニングの向上と日常生活レベルの活動及びスポーツ特有動作を導入する。また、陸上でのプログラム及びホームプログラムへの移行も考慮する。

		セット数	時間(分)	歩数(cpm)	流速(lam/f)	荷重負荷(%)
01	フェーズ1の1から8	2	1-1.5	0	0-2	15-33
02	肩PNF(D1)	2	1-2	30-60	2-4A	10-15
03	肩PNF(D2)	2	1-2	30-60	2-4P	10-15
04	肩水平外転(ピッチング)	2	1-2	0	2-4A	10-15
05	立位チェストパス(メディスンボール使用)	2	1-2	0	2-4A	33-55
06	水泳(クロール／背泳)	1-3	1-3	30-60	4-6A	0
07	アクアランニング(インターバル走)	1-6	0.5-5	60-100	2-6A	0-55
08	アクアジャックス	1-6	30-60秒	30-40	2-5A	0

*歩数はメトロノームによるリズム設定で実施する(= beat/min)
*流速(lam/f)はスイメックスのスイモメーターの単位である。A、P、Lは、流水の流れに対する身体の向きを示し、Aは前方、Pは後方、Lは側方を向くという意味である。
*荷重負荷(%)は、水深を変えることによって荷重負荷を変える(33〜55%は水深122cm、15〜33%は水深152cm、0%は水深183cm)。

第4章　心肺機能プログラム

　水中での心肺機能プログラムは、臨床的にもスポーツ医学の現場において非常に人気がある。骨格筋のリハビリにおいて、軽度及び中程度の心肺機能エクササイズは、血液循環の向上、筋緊張の軽減、骨格ストレスを軽減しながら肥満を改善する等によってリハビリプロセスを促進させることができる。水中での心肺機能プログラムは、大筋群を使ってリズミックコントラクションのような刺激が入り、長期間継続することによって最大限の効果を得ることができる。臨床的なリハビリテーションに関して、水中でのアクアランニング、クロスカントリースキー、サイクリング、水泳は、有酸素的な効果が非常に高い。これらのアクアエクササイズを総合的に用いていることで、陸上でエクササイズを実施した場合に発生するグラウンドからの反発力を取り除き、骨格筋に対する不必要なストレスを回避することができる。

1. ランナーの障害予防

　ランナーのトレーニングプログラムにおいて、障害予防は最も重要な課題であり、オーバートレーニングを回避することは非常に大切である。実際、トレーニングの量と強度の設定が不適切であったために様々な障害が発生していることが多い（トレーニングエラー）。特に、このような不適切なトレーニングによる障害は、ランナーの足が地面に着地した回数が整形外科的な限界を超えることと大きく関係していると考えられる。理論的に整形外科的限界を超えるようなトレーニング量を行うには、低強度あるいは衝撃がないようなクロストレーニングを実施することが大切である[7]。

　HerringとNilsonは、ランナーの障害と関わるトレーニングに関する研究[20]について、下記の点を明らかにしている。
　・ランナーの66%は、過去12ヶ月間に障害に関わるランニングを経験している。

- 1週間に50kmを超えるランニングをすると障害の可能性は55%以上に増大する。
- ランナーは1.6km走る間に800～2,000回地面に着地をしている。
- 地面からの反作用力は体重の約4倍である。
- ランニング時に足の着地回数の限界あるいは整形外科的な限界が個人によって異なる。
- 長距離ランナーにおいて繰り返し動作による障害は、個人のフィットネスのレベル、現在行っているトレーニング状況、先天的なバイオメカニクス的な要因、既往歴、遺伝などの様々な要因に起因する。

　障害を起こしやすいランナーは、毎週の走行距離の増加を10%以内にし、また、最大走行距離を40～48kmに設定する必要がある。さらに、衝撃のないクロストレーニングを織り交ぜながらトレーニングを実施することも考慮すべきである。アクアランニングは、ランナーの毎週の走行距離の増加を可能にし、陸上で繰り返しの衝撃による障害のリスクを回避することも可能である。また、アクアランニングは、陸上でのトレーニングとトレーニングの間に実施する積極的回復（アクティブリカバリー）のためにも効果的に用いられている[21]。

　加えて、深水でのアクアランニングや水中での持久的なエクササイズは以下のような効果をもたらす。
- 繰り返しの衝撃によるリスクを回避しながらフィットネスレベルを維持したり、向上させることができる。
- ランニング動作のバイオメカニクスを改善することができる（特に、上半身の動き）。
- 過酷な気象条件（寒い、暑い）での熱ストレスを軽減できる。
- 筋肉への血液循環を活性化し、陸上でのトレーニングの疲労回復を助ける。
- トレーニングのバリエーションを変えることでトレーニングのマンネリ化を防ぐことができる。
- アスリートと健康増進を目的とする一般の人々を一緒にトレーニングすることによりトレーニングの社会的要素（人間関係）を向上させることができる。

　アクアランニングにおける効果的な生理学的反応を得るためには、陸上でのランニング動作のバイオメカニクスを十分に把握しておく必要がある[21]。ランニングに関わる動きのパターンを含めたドリルを水中で実施することによって、アスリートや患者は筋肉に意識をおくことができ、より学習効果が高まる[22]。そして、陸上でのランニングに加えて、水中でのランニン

グを導入することによりトレーニングによる疲労回復を促進し、障害を回避することができるだけでなく、トレーニング効果を最大限に高めることができる。

2. アクアランニングにおける生理学的反応

　陸上でのランニングとアクアランニングとでは大きな生理学的反応の違いが見られる。この違いを正しく理解しておくことは、選手、コーチ、ヘルスケアに携わる専門家（トレーナー、理学療法士など）、フィットネスの専門家などにとって、アクアランニングによるトレーニングプログラムやリハビリプログラムを構築する上で非常に有用となる。

(1) 最大努力及び最大下努力

　いくつかの研究において、深水プールでのアクアランニングと陸上でのトレッドミルランニングを運動生理学的に比較し、最大酸素摂取量（VO$_2$Max）、最大心拍数、血中乳酸濃度などに関して検討している。それらの研究は以下の通りである：

- 深水でのアクアランニングにおける最大酸素摂取量（VO$_2$Max）は、陸上でのトレッドミルランニングの場合の83〜89%に相当する[23-28]。
- 深水でのアクアランニングのオールアウト時の最大心拍数は、陸上でのトレッドミルランニングの場合の90〜95%に相当する[23-29]。
- 深水でのアクアランニングにおける血中乳酸濃度は、同じ心拍数と酸素摂取量のもとでは、トレッドミルランニングよりも低かった[28, 29]。
- 最大下でのアクアランニングにおいては、同じ運動強度のレベルでの酸素摂取量はトレッドミルランニングよりも低かった[30]。
- 深水でのアクアランニングだけを8週間行ったランナーの有酸素能力は、低下することなく維持することができ、あるいは向上することも可能である[30-33]。

(2) 水中と陸上での違い

　深水でのアクアランニングと陸上でのランニングの最大の違いは、水の中では地面による反作用力がないことである。この点はしばしば水中でのエクササイズやリハビリの目的のように言われているが、重力や地面による反作用力がないことは、足首、膝、股関節の筋肉の活動パターンの変化をもたらす。そして、ハムストリングスや下腿三頭筋群のような推進力を生む筋群は、陸上でのランニングで生じるような大きな筋収縮を伴わないことも水中の特徴である。水中で

のアクアランニングにおいては機械的な抵抗が生じるために四肢動作の最大速度を抑制し、代謝にも影響を及ぼしていることも報告されている[23-34]。酸素摂取量においては、陸上でのランニングより水中でのアクアランニングの方が低いという違いは見られるが、水によるさらなる抵抗と適切なランニング動作を保持しつづけることによって、酸素摂取量の違いを相殺することもありうる。Wilderらの報告によると、水中でのアクアランニングのバイオメカニクス的な習熟度が低い場合は、陸上でのトレッドミルによる酸素摂取量に近づくことは困難であると考えられる[28]。浮き具を付けない状態で深水でのアクアランニングの研究では、陸上でのトレッドミルによるランニングと比べて酸素摂取量が25%低かったことを報告している[24]。

陸上でのトレッドミルランニングと水中でのアクアランニングの酸素摂取量の違いは、それぞれの研究で用いられているテストプロトコールの違いによってかなり影響をしている。深水のランニングにおけるバイオメカニクスに関してあまり熟知していない被験者に対して主観的運動強度を用いる場合、その被験者は主観的運動強度を過大評価する傾向にある。特に、この過大評価の傾向は運動強度が低い場合に顕著に見られる[32, 33]。アクアランニングにおける最大心拍数の違いについては、主に静水圧による心拍出量への影響が考えられる。静水圧により静脈還流は増大し、1回の心拍出量も増加する。そして、心臓は、静脈還流の増大に伴い、伸張反射メカニズム（Frank-Starling効果）が働き、より力強く収縮する（心臓収縮期）。この効果は、四肢の長い被験者で顕著に見られ、さらに長い四肢を動かすために多くのエネルギーが必要とされる[27, 28, 32, 33]。

深水でのアクアランニングの強度に関して、変量として歩数（Cadence）を測定した研究によると、最大下レベルの強度では歩数が少なかったと報告している（最大酸素摂取量及び最大心拍数の60〜70%）[23, 27, 33, 34]。水中での運動負荷が最大に近づくにつれて、歩数は陸上での歩数にかなり近づき始める。エリート選手に見られるように、深水において最大負荷の80〜95%の強度でアクアランニングを実施するためには、より高いレベルのバイオメカニクス的な特異性が必要とされる。また、深水でのアクアランニングにおいて、スポーツの特性を考慮したバイオメカニクス的なモデルを標準化したり、評価するためにさらなる研究が必要であると思われる。

「三つのR」、すなわち関節可動域（Range of Motion）、リズム（Rhythm）、リラクゼーション（Relaxation）は、陸上でのランニングとアクアランニングの両方を改善するのに重要な要素である[7]。ランニングスタイルを変えるためには、段階的に、かつ、継続的に時間をかけて導入することが重要である。

(3) 関節可動域

　ランニングにおける頭、腕、体幹、脚、足の動きを見る上で、三次元的（水平面、垂直面、横面）に動きを考慮する必要がある。頭は前方を向き、肩と骨盤は垂直方向や左右の動きがないように一直線上を移動することが大切である。脊柱はまっすぐのポジション（3度以下の前傾）を取り、速く走るために前傾の必要はない。足と膝は一直線上を動くように維持する。腕の動きは姿勢に大きな影響を及ぼすので、肩や骨盤と同じように、過剰な腕の左右方向の動き（クロスオーバーするような）は避けなければならない。肘と手首は最初下向きに、骨盤を過ぎたら後方に同一円弧上を動く。肘は約90度の角度に保ち、手は軽く握りこぶしを握り、親指はその握りこぶしの上に添える。腕の振りは、ランナーのバランス、コーディネーション、そしてストライド長に影響を及ぼすので適切な動きの習得が必要である。脚の動きは、軽快に、かつ、効率的に動かす必要があり、膝を前方や上方に一生懸命に動かすことを意識してはならない。地面に着地する時には、脚と足がちょうど身体の真下になければならない。ストライドは、オーバーストライドで大きすぎるより小さい方がまだましである。オーバーストライドは、通常、足が地面に着地した際にブレーキをかけることになるからである。したがって、オーバーストライドは、ランニング効率が悪いだけでなく、膝にも負担がかかることになる。ほとんどのランナーは、各自の最適のストライド長があり、速く走るにはストライドを大きくするのではなく、ストライドの頻度（ピッチ）を増やすことが重要である。

(4) リズム

　リズムとは、動きのタイミング、あるいはコーディネーションである。熟練したランナーは、ランニングの自然な流れに非常に調和しており、また、足音のリズムと呼吸を合わせる傾向がある。最初はゆっくりしたスピードから始め、様々なスピードに応じてランニングモーションを修正することが奨められる。陸上でランニングをする場合、トラックや平坦な表面を使って練習し、アクアランニングをする場合は、足が軽くプールの底に触れる深さで行うとよい。リズムの速さをコントロールするのにメトロノームを使ったり、また、ストライドパターンの中で快適に感じる流れを見つけることである。陸上では、ほとんどの長距離ランナーは、毎分約85〜90サイクルのスピードで走っている。

(5) リラクゼーション

　リラクゼーションに関する定義はたくさんあり、このことは一般的のスポーツやランニングにおいても同様である。生理学者は、リラクゼーションを神経筋の調節であると単純化するか

もしれないが、リラクゼーションはむしろ心理学的なことと大きく関わっていると考えられる。
Ken Dohertyコーチは、スポーツ選手に対する10のリラクゼーションの秘訣を定義した[35]。

①スキルの習得：技術の熟達はより高いリラクゼーションへと導く。

②特異的なリラクゼーション：筋緊張に関わっている筋群とそうでない筋群を理解する。

③全身的なリラクゼーション：心、体、精神など自分自身の環境に由来する。

④撤退と復帰：トレーニングを中止し、リフレッシュして再び集中しなおしてトレーニングを再開する。

⑤漸進的なリラクゼーション：頭から足先までを動かすそれぞれの筋群の収縮とリラックスを繰り返す。

⑥自己暗示：プラス思考によりリラックス状態をつくりだす。

⑦心を清める：ひとつのことに焦点を絞り精神を集中する（黙想）。

⑧マイナス思考の後退：不必要な内的及び外的ストレスを解消する。

⑨アクションの軽減：動きをゆっくりすることで神経筋の緊張を軽減する。

⑩完全であること：統一感覚、相互援助、内的及び外的静寂を持つ。

第5章　アクアランニング

　深水でのアクアランニングでは、歩行サイクルの支持脚相において下肢の筋群や関節に負荷がかからない。また、陸上でのランニング時に足関節と中足骨関節には地面からの反作用力がかからない。さらに、陸上でのランニング時における股関節の屈曲は、反対側の地面に接地している脚による作用力に依存しているところがあるが、深水でのアクアランニングにおいては、股関節の屈曲は主に股関節屈筋群の活動に依存しており、浮力に対抗する反対脚の下方への作用力にはほとんど影響しない。この点は、水中でのランニングによる筋動員のパターンが、陸上でのランニングのそれと大きく異なっており、地面からの衝撃を防ぎ、疲労部位を休ませる際には有効であると考えられる。このような違いがあるにも関わらず、深水でのアクアランニングにおいては、無酸素能力及び有酸素能力を高いレベルで維持することができる[27, 29, 31-33]。多くのランナーは、プールでのランニングメカニクスが不適切であるにも関わらず、プールでのランニングメカニクスを学ぼうとしない傾向にある。衝撃の少ない特異性のあるクロストレーニングの恩恵を最大限に受けようと思えば、アクアランニングのバイオメカニクス的な要素を十分に理解することが大切である[27]。

1. アクアランニングのバイオメカニクス

　ランナーがアクアランニングのメカニクスを習熟するためには2～3回のセッションが必要である。アクアランニングを効果的に実施するためのポイントは下記の通りである。

体幹部:
- 脊柱は垂直よりやや前傾（2～3度）する。
- 目は下を見ず、前を見る。頭のポジションは、耳が肩のちょうど垂直線上にくること。
- 前傾しすぎないで、肩の力を抜いて安定させる。

上肢:
- 前方の腕の運動は、胸から15〜20cm離し、水から5cmくらいの位置からスタートさせる。
- 肘は90度に曲げ、手は親指が上にくるように軽く握る。
- 肘の誘導で手を下後方に動かし、肘、手首、手を振り子運動のように腰の近くを通過させる（肘の曲げ角度は80〜90度を保つ）。
- 肩を過度に動かしたり、肘を内旋・外旋するような動作は避けること。
- それぞれの腕は、リラックスしスムーズに流れるように動かし、反対側の腕と正反対の動きをする。そして、腕の動きと脚の動きがうまく調和するように集中すること。

下肢:
- 脚の動きは、大腿部を前方上向きに（股関節屈曲角度：約70〜80度）、そして、膝は90度に曲げて動作を始める。
- 足はフラットに保ち、膝の真下にくるようにする。
- 大腿部は下後方に動かしながら（股関節伸展）、身体のちょうど下で床を踏みつけるように足を下方に押す。
- 一旦、脚が完全に伸展したら（膝関節はほぼ真っ直ぐになる）、大腿部は身体の後方に動かす（股関節過伸展のような状態）。
- 次に膝を曲げながら踵を臀部の方に持ち上げ、大腿部は前上方に動かしスタートポジションに戻る。
- 水中で前に速く動こうとせずに、姿勢を真っ直ぐに保ちながら脚の上下動作に意識を集中する。
- 脚のスピードは、進行方向のスピードより重要である。
- トレッドミルの上を走っているようなイメージで、プールサイドにつないだロープを利用する。
- 脚の動くスピードをコントロールするために、メトロノームを用いたり、脚の回転数をカウントしたりする。

2. ランニングパフォーマンスにおける決定要因

　ランニングのパフォーマンスを向上させるために、有酸素及び無酸素システムのトレーニングをすることの重要性はよく知られている。長距離ランナーにおいて、有酸素システムと無

表3　Brennanの主観的運動強度とトレーニング要素の関係

最大心拍数に対する%	RPE（主観的運動強度）		トレーニング要素
65%以下	1.0 1.5	非常に軽い	有酸素下（積極的回復）
65〜75%	2.0 2.5	軽い	有酸素閾値（ランニング効率）
75〜85%	3.0 3.5	ややきつい	無酸素閾値 （ロングインターバル）
85〜95%	4.0 4.5	きつい	VO_2Max （ショートインターバル）
95%以上	5.0	非常にきつい	無酸素限界 （ショートインターバル<30秒）

酸素システムを向上させるための3つの重要な生理学的要素は、最大酸素摂取量、乳酸閾値、そしてランニング効率である[36]。フィットネスやランニングパフォーマンスの向上に用いられているアクアエクササイズは、陸上で実証された概念に基づいている。これらの概念の中には、ロングインターバル、ショートインターバル、ファートレック、ロングスローディスタンスランニング（ランニング効率）、そして積極的回復ランニングがあり、これらのトレーニング要素と主観的運動強度との関係を表3に示した。

(1) 最大酸素摂取量(VO_2Max)

　VO_2Maxは、運動中に身体が酸素を利用できる能力を示す尺度であり、一般的に運動を持続する能力を見るための信頼性の高い指標である。VO_2Maxは、通常1分間の酸素摂取量をリットル単位で示したもの（絶対値）であり、または絶対値を体重で割った ml O_2/kg-min という単位（相対値）で表す。VO_2Maxは、従来、持久活動中のパフォーマンスを比較したり、測定するときの指標として重視されてきた。プールにおいて、最大努力の85〜95%負荷で、30〜180秒の運動時間と1〜5分の休息によって構成されるインターバルトレーニングを行うと、ランニングにおけるVO_2Maxが向上することが報告されている[21]。

(2) 乳酸閾値(LT)

　乳酸閾値とは、トレーニングしている人の場合には最大努力の55〜65%で、またトレーニングしていない人の場合には最大努力の75〜85%で起こる血中乳酸濃度の急激な増加をいう。乳酸は活動している筋肉によってリサイクルされ、またピルビン酸に変換されてエネルギーとして用いられる。特定のトレーニングが、このプロセスを向上させることが明らかとなってい

る。過剰な乳酸産生（例えば、ピルビン酸として消費されるより多い）は、筋肉内部の乳酸濃度が急激に増加し筋肉の疲労をもたらす[36, 37]。乳酸閾値が増大するロングインターバルのアクアランニングは、5〜10K程度のペースでのランニングに相当する[21]。このロングインターバルのアクアランニングは、3〜30分のランニングと30秒〜2分のインターバルの組合せで実施する。様々なインターバルトレーニングを行うと、ランナーの血中乳酸濃度は乳酸スタッキングというメカニズムにより上昇する。インターバル時間の調整によりスタッキング効果を上げることができる。

(3) ランニング効率(RE)

　ランニング効率とエネルギー消費にはある関係が成り立っている。適正なバイオメカニクス的動きを備えたスムーズで軽やかなランナーは、非効率的な体重移動メカニズムとストライドパターンをもったランナーよりはるかにエネルギー消費が少ない[38]。ランニング効率を高めるトレーニングは、低強度（最大努力の55〜75%）で定常状態のランニングをすることである[36, 38, 39]。プールにおけるランニング効率を高めるトレーニングは、快適に会話のできるレベルで30〜60分間実施することである。ランニング効率を高めるためのトレーニングの主目的は、バイオメカニクス的に効率よく、リラックスしてスムーズに流れるような動きを行うことである。

3. リスク査定

　エクササイズプログラムを始めようとする人、または現在の運動レベルを一層高めようとする人は、それぞれのエクササイズに伴うリスクを知っておく必要がある。ACSM (the American College of Sports Medicines) のエクササイズテスト及び運動処方のガイドラインによれば、ほとんどの人は下記の3つのタイプのどれかに分類される[40]。
　①明らかに健康な人：何の症状もなく、心臓に関わる危険因子を持っていない人。
　②危険因子を持っている人：心肺機能または代謝疾患の兆候を持っている人。
　③病気を持っている人：心臓、呼吸器、あるいは代謝疾患を持っている人。

(1) 主な心臓系の危険因子

・高血圧症と診断された人、または降圧剤を飲んでいる人。

・血清コレステロール値が240mg/dl以上の人。

・喫煙者

・糖尿病

・55才以下で親や兄弟に心臓循環系疾患のある家系

(2) 心臓循環系と代謝系疾患の主な兆候

・胸またはその周辺部位に虚血性と思われる痛みと不快感がある。

・普通でない息切れや軽運動に伴う息切れ

・めまいや失神

・起坐呼吸、発作性夜間呼吸困難

・足関節浮腫

・動悸、心頻拍症

・跛行

・心雑音

　ACSMでは、男性40才以上、女性50才以上の場合には、中程度のエクササイズを始める前に内科医による段階的運動負荷テスト（GXT）を受診することを推奨している。特に、心臓病などの危険因子を持っている人に対しては段階的運動負荷テストは必要不可欠である。

4. 身体活動適正質問票(PAR-Q)によるスクリーニング

　現状のフィットネスレベルとそれに伴う特定のエクササイズプログラムの相対的なリスクをどのように評価するかを理解しておく必要がある。水中でのエクササイズは関節及び筋肉等にとってストレスは少ないとはいうものの、エクササイズプログラムを始める前に全ての人に身体的なスクリーニングを実施しておくことが望ましい。

　身体活動適正質問票（Physical Activity Readiness Questionnaire：PAR-Q）とクライアントのプロフィールは、エクササイズプログラムを始める前に健康問題や過去の運動歴を確認するためのスクリーニングとして有益である。この質問票は決して内科医の診断書に代わるものではないが、エクササイズを実施する前の個人をスクリーニングするために、ヘルスケアの専門家にとって重要な最前線のツールとなる。質問票において下記の7項目が質問される（図6)[41]。

(1) 医師から心臓に何らかの症状がある、または医師が勧めた身体活動以外はしてはいけないと言われたことがありますか？

(2) 運動中に胸の痛みを感じますか？

(3) 過去1ヶ月間に、身体運動をしていない時に胸の痛みを感じたことがありますか？

図6 PAR-Q（身体活動適性質問票）

PAR-Q(2002改訂)

PAR-Q（身体活動適性質問票）(15～69歳用)

定期的な身体活動は楽しく、健康増進に役立ちます。そのため、より活動的な日常生活を目指してエクササイズを始める人が増えています。ほとんどの人にとって身体活動は安全なものですが、事前に医師の診断を受ける必要がある人もいます。

今より活発な身体活動を始める場合、その前に以下の7つの質問にお答え下さい。15歳以上69歳以下の方の場合、この質問票により、医師による診断の必要性を判定することができます。70歳以上で過去に運動経験があまりない方は、医師にご相談下さい。

ご自身のために、正直にお答えいただくことが重要です。以下の質問をよく読んで正確にお答え下さい。「はい」か「いいえ」のどちらかに印をつけて下さい

はい	いいえ	
☐	☐	1. 医師から、心臓に何らかの症状がある、または医師が勧めた身体活動以外はしてはいけないと言われたことがありますか？
☐	☐	2. 運動中に胸の痛みを感じますか？
☐	☐	3. 過去1カ月間に、身体活動をしていないときに胸の痛みを感じたことがありますか？
☐	☐	4. めまいでふらついたり、意識を失ったりしたことがありますか？
☐	☐	5. 身体活動を始めることで悪化する恐れのある、背中や膝、腰などの骨や関節の問題がありますか？
☐	☐	6. 血圧や心疾患に関連して、医師から薬（利尿剤など）を処方されていますか？
☐	☐	7. 上記以外のどんなことでも、身体活動をするべきではない理由がありますか？

答えに「はい」が1つでもあった方

身体活動を始めたり、体力テストを受けたりする前に、医師の診察を受けるか電話で相談して下さい。このPAR-Qについて説明し、「はい」と答えた質問内容を伝えて下さい。
- 慎重に身体活動を始め、徐々に身体を慣らしていけば活動をしても大丈夫な場合もあるでしょう。あるいは、安全な活動だけに限定する必要があるかもしれません。参加を希望する活動の種類を医師に説明し、意見を聞いて下さい。
- 安全で自分に役立つ地域活動を探してみて下さい。

すべての質問に「いいえ」と答えた方

正直に答えた結果、すべての質問への回答が「いいえ」であった方は、次のような判断が妥当です。
- 今より活発な活動を始めることができます。ただし、慎重に始めて、徐々に身体を慣らしていきましょう。それが目標を安全に達成するための近道です。
- 体力テストを受けることができます。体力テストによってあなたの基礎体力がわかれば、活動的な生活を送る最善の方法を計画できます。同時に、血圧を測定することを強くお勧めします。収縮期血圧144、拡張期血圧94以上の方は、身体活動を始める前に医師にご相談下さい。

以下の方は、身体活動開始を延期して下さい。
- 風邪や発熱など、一時的に体調が悪い方。体調が回復するまでお待ち下さい。
- 妊娠している方、またはその可能性がある方。医師に相談して下さい。

注意：健康状態が変化して、上記の質問への答えが1つでも「はい」になった場合には、健康管理の専門職に相談し、現在の身体活動の計画を変えるべきかどうか尋ねて下さい

PAR-Qの利用について：The Canadian Society for Exercise Physiology, Health Canadaおよびその関係者は、身体活動を行う人に対していかなる責任も負いません。この質問票を記入後、何らかの疑問がある方は、身体活動を始める前に医師にご相談下さい。

変更不可。PAR-Qは複写できますが、内容の変更や一部だけの使用は認められません。必ず質問票全体を複写してご利用下さい。

注：PAR-Qが身体活動プログラムまたは体力テストの前に記入された場合、以下の部分は法律上のまたは行政上の目的で使用されることがあります。

「私は、この質問票をよく読み理解したうえで回答を記入しました。すべての質問に対して十分に考え、自分が納得できる回答をしました」

氏　名：＿＿＿＿＿＿＿＿＿＿＿＿＿＿＿＿＿＿＿＿＿＿　日　付：＿＿＿＿＿＿＿＿＿＿＿＿＿＿
署　名：＿＿＿＿＿＿＿＿＿＿＿＿＿＿＿＿＿＿＿＿＿＿
保護者署名欄：＿＿＿＿＿＿＿＿＿＿＿＿＿＿＿＿＿＿＿　連署人：＿＿＿＿＿＿＿＿＿＿＿＿＿＿

**注：この質問票による身体活動の許可は、記入後最長12カ月間有効です。
万一状況が変わり、上記の7つの質問の答えが1つでも「はい」に変わった場合は、無効となります。**

©Canadian Society for Exercise Physiology　　Supported by　Health Canada　Santé Canada

NSCA's Essentials of Personal Trainingから（Roger W. Earle and Thomas R. Baechle, 2004, Champaign, IL: Human Kinetics。出典：Physical Activity Readiness Medical Examination (PARmed-X), 1995。Canadian Society for Exercise Physiologyの許可を得て掲載。

(4) めまいでふらついたり、意識を失ったことがありますか？
(5) 身体活動を始めることで悪化する恐れのある、背中や膝、腰などの骨や関節の問題がありますか？
(6) 血圧や心疾患に関連して、医師から薬（利尿剤など）を処方されていますか？
(7) 上記以外のどんなことでも、身体活動をするべきではない理由がありますか？

　上記の質問の答えに対して「はい」が1つでもあった人は、エクササイズを始める前、あるいは体力テストを受ける前に、医師の診察を受ける必要がある。また、下記の内容を医師に相談してアドバイスをもらっておく必要がある[41]。
(1) 慎重に運動を始め、徐々に身体を慣らしていけば活動をしても大丈夫かどうか。
(2) 安全な活動だけに限定する必要があるかどうか。

　上記の全ての質問の答えに対して「いいえ」と答えた人は、今より活発な運動を始めることができるが、慎重に始めて徐々に身体を慣らしていく必要がある。ただし、風邪などで一時的に体調を崩している場合は、運動開始を延期する必要がある。

5. ワイルダーの段階的運動負荷テスト(GXT)

　ワイルダーの段階的運動負荷テスト（Graded Exercise Test：GXT）は、深水でのアクアランニングにおける個別のトレーニング強度を設定するための正確な手法である[6,28]。このテストは、プールでトレーニングをする上で、何ら病気に関わる危険因子を持っていない健康な人であるという前提で作られているものである。ワイルダーの段階的運動負荷テストは、フィットネスレベルの変化に応じて歩数（CPM）を調節することが必要なので6～12週間ごとに実施する必要がある。このテストを実施する際に、特にテストの後半において被験者の水中でのバイオメカニクス的動作をチェックしておくことが大切である。また、被験者は、プールサイドよりロープでつなぎ、プールサイドからの指示やメトロノームなどの音がはっきりと聞こえるようにしておくことが大切である。動作中の関節可動域や姿勢は、心拍数、主観的運動強度、そして歩数と大きく関係している。股関節や肩関節において過度の可動域制限がある場合や歩数が大きく乱れた場合は、信頼性のあるデータを得ることは困難である。したがって、テストを実施する前には2～3回の習熟セッションを実施することが望ましい。心拍数、主観的運動強度、そして歩数の指標は、長距離走の3大トレーニング要素である最大酸素摂取量（VO_2Max）、乳酸閾

値 (LT)、そしてランニング効率をベースにして決められている。したがって、運動処方をする場合、基本的には主観的運動強度の指標を用い、確認の意味で心拍数と歩数 (CadenceあるいはCPM) を用いるという方法が最も簡便である (図7、図8)。この手法を用いるためには、防水用の心拍計 (ハートレートモニター)、ストップウォッチ、デジタルメトロノームを準備する必要がある。

図7 アクアランニング用のワイルダー段階的運動負荷テストシート

氏名：＿＿＿＿＿＿＿＿　　年齢：＿＿＿＿＿＿＿＿　　性別：　男　・　女

日付：＿＿＿＿＿＿＿＿　　最大心拍数：＿＿＿＿＿＿　　安静時心拍数：＿＿＿＿＿＿

ステージ	歩数 (cpm)	最終点 (分)	心拍数 (bpm)	RPE (1〜5)	流速 (lam/f)	コメント
1	54	3	＿＿＿	＿＿＿	＿＿＿	＿＿＿
2	60	6	＿＿＿	＿＿＿	＿＿＿	＿＿＿
3	66	9	＿＿＿	＿＿＿	＿＿＿	＿＿＿
4	72	12	＿＿＿	＿＿＿	＿＿＿	＿＿＿
5	78	15	＿＿＿	＿＿＿	＿＿＿	＿＿＿
6	84	18	＿＿＿	＿＿＿	＿＿＿	＿＿＿
7	90	21	＿＿＿	＿＿＿	＿＿＿	＿＿＿
8	96	24	＿＿＿	＿＿＿	＿＿＿	＿＿＿
9	102	27	＿＿＿	＿＿＿	＿＿＿	＿＿＿

運動後心拍数：　　1分後：＿＿＿＿＿　　2分後：＿＿＿＿＿　　5分後：＿＿＿＿＿

アクアランニング（% of Max）

	心拍数	RPE	歩数
65%（ランニング効率）	＿＿＿	＿＿＿	＿＿＿
80%（乳酸閾値）	＿＿＿	＿＿＿	＿＿＿
90%（VO_2Max）	＿＿＿	＿＿＿	＿＿＿

図8　ロサンジェルス・レイカーズにおけるアクアランニングのワイルダー段階的運動負荷テスト

ロサンジェルス・レイカーズ

日付：＿＿＿＿＿＿　　最大心拍数：＿＿＿＿＿　　安静時心拍数：＿＿＿＿

ステージ	歩数 (cpm)	最終点 (分)	心拍数 (bpm)	RPE (1～5)	流速 (lam/f)	コメント
1	66	3	122	3.5	4	＿＿＿＿
2	72	6	147	4.0	4	＿＿＿＿
3	78	9	161	4.5	4	＿＿＿＿
4	84	12	175*	5.0		*10分45秒で最大心拍数に到達
5	90	15	＿＿	＿＿	＿＿	＿＿＿＿
6	96	18	＿＿	＿＿	＿＿	＿＿＿＿
7	102	21	＿＿	＿＿	＿＿	＿＿＿＿
8			＿＿	＿＿	＿＿	＿＿＿＿
9			＿＿	＿＿	＿＿	＿＿＿＿

運動後心拍数：　　1分後：139　　2分後：122　　5分後：116

アクアランニング（% of Max）

	心拍数	RPE	歩数
65%（ランニング効率）	113	2.5～3.0	55～60
80%（乳酸閾値）	140	3.5～4.0	70～75
90%（VO$_2$Max）	157	4.5～5.0	80～90

第6章　アクアランニングプログラム

　アクアエクササイズを安全に、かつ、効果的に行うための漸増的アプローチとして、各種ランニングプログラムを提案する。各プログラムは5分間の軽いアクアジョギングから始め、次に上肢及び下肢筋群のストレッチを行う。プログラムを開始する際には主観的運動強度（RPE：Rating of Perceived Exertion）の指標を用いて（表4）、それぞれの主観的運動強度のレベルに対応するベースラインの歩数（CadenceあるいはCPM）及び心拍数に達したら、メトロノームあるいはハートレートモニターを用いてトレーニング強度をコントロールすることが大切である。アクアランニングにおけるワイルダーの段階的運動負荷テスト（GXT）は、それぞれの主観的運動強度に対応する歩数や心拍数を確定するのには非常に効果的なツールである[28]。

1. ロングインターバルランニング(LI：Long Interval)

　ロングインターバルランニングは、ランナーに血中乳酸レベルが高くなりすぎないように、かつ、速いペースを保つ能力を向上させる。毎週1回のセッションは、ランナーに中距離走や長距離走（5kmからマラソン）において筋力系ならびに呼吸循環系の能力が必要であることを理解させる。ロングインターバルランニングは最大能力の80～90%で実施し、実施時間は3分から15分とし、1分から2分の休息を取る。全体の走行時間は30～60分とする。これはトラックでの800m走から5kmのインターバルを想定している。

プログラム例：

LIランニング#1(31分)

RPE3.0にて8分（インターバル：RPE2.0にて1分）、RPE3.5にて6分（インターバル：RPE2.0にて1分）、RPE3.5にて5分（インターバル：RPE2.0にて1分）、RPE4.0にて4分（インターバル：RPE2.0にて1分）、RPE4.0にて3分（インターバル：RPE2.0にて1分）

表4 中長距離ランナー用の主観的運動強度と歩数の関係

RPE（主観的運動強度）		歩数（Cadence）	陸上での運動
非常に軽い	1.0 1.5	55以下 55〜59	早歩き
軽い	2.0 2.5	60〜64 65〜69	軽いジョギング
ややきつい	3.0 3.5	70〜74 75〜79	軽快なランニング
きつい	4.0 4.5	80〜84 85〜89	5K/10Kペース
非常にきつい	5.0	90以上	ショートトラックインターバル

LIランニング#2(36分)

　RPE3.0〜3.5にて8分×4回（インターバル：RPE2.0にて1分）

LIランニング#3(40分)

　RPE3.5にて9分（インターバル：RPE2.0にて1分）、RPE3.5にて8分（インターバル：RPE2.0にて1分）、RPE3.5にて7分（インターバル：RPE2.0にて1分）、RPE4.0にて6分（インターバル：RPE2.0にて1分）、RPE4.0にて5分（インターバル：RPE2.0にて1分）

LIランニング#4(44分)

　RPE3.5にて6分×2回（インターバル：RPE2.0にて1分）、RPE4.0にて5分×2回（インターバル：RPE2.0にて1分）、RPE4.0にて4分×2回（インターバル：RPE2.0にて1分）、RPE4.5にて3分×2回（インターバル：RPE2.0にて1分）

LIランニング#5(48分)

　RPE4.0にて5分×8回（インターバル：RPE2.0にて1分）

2. ショートインターバルランニング(SI：Short Interval)

　ショートインターバルランニングは、最大の90〜99%で30秒から2分の実施時間で行い、休息時間は、ランニングの強度や時間によるが30秒から5分間が適切である。ショートインターバルランニングは、速い速度でもランナーが快適に感じることと、短時間で非常に高い負荷に筋肉及び呼吸循環系が耐えられる能力を向上させることが目的である。プールでのショートインターバルは、重力場での200〜800m走に相当し、7〜10日に1〜2回実施するのが望ましい。

　SIランニング#1(30分)

RPE4.0にて2分×10回（インターバル：RPE2.0にて1分）

SIランニング#2(36分)

　　RPE4.0〜4.5にて3分×4回（インターバル：RPE2.0にて1分）、RPE4.0〜4.5にて2分×6回（インターバル：RPE2.0にて1分）、RPE4.5にて1分×8回（インターバル：RPE2.0にて30秒）

SIランニング#3(36分)

　　RPE4.0にて2分×2回（インターバル：RPE2.0にて1分）、RPE4.5にて1.5分×4回（インターバル：RPE2.0にて1分）、RPE4.5にて1分×4回（インターバル：RPE2.0にて1分）、RPE4.5にて1分、RPE2.0にて1分、RPE4.5〜5.0にて30秒×8回（インターバル：RPE3.0にて1分）

SIランニング#4(38分)

　　RPE4.0にて2分×4回（インターバル：RPE2.0にて1分）、RPE4.5にて1分×6回（インターバル：RPE2.0にて30秒）、RPE2.0にて5分、RPE4.5〜5.0にて30秒×8回（インターバル：RPE3.0にて1分）

SIランニング#5(48分)

　　RPE4.0にて1分×10回（インターバル：RPE2.0にて1分）、RPE2.0にて5分、RPE4.5〜5.0にて1分×10回（インターバル：RPE2.0にて1分）

3. ロングスローディスタンスランニング(LSD：Long Slow Distance)

　このロングスローディスタンスランニングは、会話を交わしながらワークアウトを実施できる程度のレベルに設定し、そのRPEのレベルの目安は2.0〜3.0である。ランニングを効率よく行うためには、一定した低強度のワークアウトを実施し、特に正しいランニングメカニクス（ランニングフォーム）に重点をおいて実施することである。

　　LSDランニング#1(40分)：RPE2.0〜3.0にて40分
　　LSDランニング#2(50分)：RPE2.0〜3.0にて50分
　　LSDランニング#3(60分)：RPE2.0〜3.0にて60分
　　LSDランニング#4(70分)：RPE2.0〜3.0にて70分
　　LSDランニング#5(80分)：RPE2.0〜3.0にて80分

4. ファートレック

　ファートレックという言葉は、スウェーデン語でスピードプレイという意味であり、林の中

でのトレーニング方法としてスウェーデン人によって開発されたものである。プールでこのタイプのトレーニングを想定して行うには、時間と強度を変化させることによって実施できる。例えば、10～120秒間、"きつい"から"かなりきつい"運動強度で実施し、その後、10～120秒間、"軽い"から"かなり軽い"運動強度でリカバリーさせるというように断続的に実施する。ファートレックトレーニングにおいて重要な点は、断続的に運動強度を変化させて実施することであり、全体の運動時間は30～60分に設定することが望ましい。

5. スプリント

　アクアランニングは、陸上競技選手や瞬発的なランニングが要求されるスポーツ選手のためのスプリントトレーニングとして非常に効果的に用いることができる。世界的なスプリンターであるカール・ルイスやリロイ・バレルも表5に示す指標を用いたアクアランニングを受けて大きな成果を得た。スプリンターのアクアランニングには3つのフェーズに分けてアプローチを行った。

①移行フェーズ(1～2週間)

　この期間に筋骨格系システムに対して漸増的に負荷をかけ、深水でのランニングの特有のバイオメカニクス的な運動パターンを習熟する。このフェーズは1～2週間の間に少なくとも2～3回実施することが望ましい。

サンプルプログラム

　ウォームアップ：
　　RPE1.0～1.5にて5分（またはストレッチ5～10分）
　インターバルランニング：
　　RPE2.0にて3分×2回（インターバル：RPE1.0にて1分）
　　RPE2.5にて2分×2回（インターバル：RPE1.0にて1分）
　　RPE3.0にて1.5分×4回（インターバル：RPE1.0にて1分）
　　RPE3.5にて1分×6回（インターバル：RPE1.0にて1分）
　クールダウン：
　　RPE1.0～1.5にて5分（またはストレッチ5～10分）

②基礎フェーズ(4～6週間)

　基礎フェーズはトラックでの400～800m走のためのトレーニングを想定しており、効率的

表5　スプリンター用の主観的運動強度と歩数の関係

RPE（主観的運動強度）		歩数（Cadence）	陸上での運動
非常に軽い	1.0 1.5	74 以下 75～79	800m 走以上
軽い	2.0 2.5	80～84 85～89	600～800m 走
ややきつい	3.0 3.5	90～94 95～99	400～600m 走
きつい	4.0 4.5	100～104 105～109	200～400m 走
非常にきつい	5.0	110 以上	50～200m 走

に呼吸循環系システムと筋持久力の向上を目的としている。また、このフェーズは、シーズンの初期にスプリントトレーニングとして重点的に実施されるインターバルトレーニングからの疲労回復やオーバートレーニングが原因で発生し得る障害を回避することができる。

サンプルプログラム

ウォームアップ：

　RPE1.0～1.5にて5分　（またはストレッチ5～10分）

インターバルランニング：

　RPE3.0にて2分×2回（インターバル：RPE1.0にて30秒）

　RPE3.5にて1.5分×2回（インターバル：RPE1.0にて30秒）

　RPE4.0にて1分×4回（インターバル：RPE1.0にて1分）

　RPE4.5にて45秒×4回（インターバル：RPE1.0にて1分）

クールダウン：

　RPE1.0～1.5にて5分（またはストレッチ5～10分）

③スピードフェーズ（4～6週間）

　このフェーズは、高速度で脚の回転、関節可動域、上肢と下肢のコーディネーションを向上させるための特有のトレーニングである。陸上でのインターバル・リカバリー負荷（200m走を6回繰り返しながら、リカバリーを1～2分取る）を想定して実施する。

サンプルプログラム

ウォームアップ：

RPE1.0〜1.5にて5分（またはストレッチ5〜10分）

インターバルランニング：

RPE3.0にて3分（インターバル：RPE1.0にて1分）

RPE3.5にて2分（インターバル：RPE1.0にて1分）

RPE4.0にて1.5分×4回（インターバル：RPE1.0にて2分）

RPE5.0にて30秒×6回（インターバル：RPE1.0にて2分）

クールダウン：

RPE1.0〜1.5にて5分（またはストレッチ5〜10分）

6. 積極的／受動的回復

　プールでの非常に強度の低いランニングは、コーチや選手から"無駄な走り（Junk mileage）"と呼ばれ、非常に軽視されている。しかし、水中で「非常に軽い」あるいは「軽い」強度のエクササイズは、新陳代謝をよくし老廃物を除去することができる。これは陸上での激しいトレーニング直後の疲労回復を促進するために非常に有効的な手段であり、また、翌日のリカバリーセッションとしても用いられる。このような積極的回復のエクササイズは約20〜30分実施することが望ましい。全く身体運動を伴わない、いわゆる受動的回復として、マッサージ、睡眠時間を長めに取ること、昼寝をすること、そしてリラックスする時間を取ることなどが挙げられる。積極的回復と受動的回復をうまく組み合わせることにより、ストレスを受けた生体機能がトレーニングに対して適応するための時間が与えられ、また、競技力の高いスポーツ選手でよく見られるオーバートレーニングや生気がなくなることへの予防にもつながる。

7. 競技特性に応じたランニングプログラム

　ランニングは、アメリカでメジャーなスポーツになるための共通点である。それぞれのスポーツにおいて、非常に特有の基礎となるスキルがあるが、爆発的なランニングというのはほとんどのスポーツにおいて要求される要素である。"ビッグ4"と言われる野球、バスケットボール、フットボール、サッカーは通常、5〜30秒という短時間で非常に高い仕事量が要求されるスポーツである。プールでのインターバルトレーニングを実施する際に、特異性の原則に従って、前

述したスポーツの特徴を反映させる必要がある。下記のアクアランニングのプログラム例は、実際にメジャーリーグの選手に用いられたものである。ヒューストン・アストロズのヘッドトレーナーであるデーブ・ロボシアー氏は、メジャーリーグの選手に下記の4つのアクアプログラムをそれぞれ実施させている。

プログラム#1(20分)

　　ウォームアップ：RPE2.0にて3分

　　インターバルランニング：RPE4.5〜5.0にて15秒×20回（リカバリー RPE1.0〜2.0にて30秒）

　　クールダウン：RPE2.0にて2分

プログラム#2(20分)

　　ランニング：RPE3.0にて20分

プログラム#3(20分)

　　ウォームアップ：RPE2.0にて3分

　　インターバルランニング：RPE4.5〜5.0にて30秒×10回（リカバリー RPE1.0〜2.0にて1分）

　　クールダウン：RPE2.0にて2分

プログラム#4(20分)

　　ウォームアップ：RPE2.0にて3分

　　インターバルランニング：RPE4.0にて1分×8回（リカバリー RPE2.0にて30秒）

　　クールダウン：RPE2.0にて2分

8. リハビリテーションと陸上トレーニングへの移行

　傷害に対するリハビリテーションとして、深水におけるアクアランニングから陸上トレーニングに移行する場合、浅水でのアクアランニングは非常に有効である。肩の深さまでの水中に立った状態でいると、わずか体重の10%負荷になり、体重負荷が少ない状況は陸上トレーニングに移行する前には非常に効果的である。実際に、肩までの深さのプールでランニングをしていると、プール底に足が軽くつく程度である。選手にとってはかなり体重負荷が軽減されており（体重の10%負荷）、ランニング中の支持相において感覚入力が増えることになる。そして、アクアランニングのバイオメカニクス的な特異性もおそらく増大することになる。1〜2週間後には、水深が胸のレベル（体重の30%負荷）の場所でアクアランニングを実施し、2〜3週間後には腰部の水深レベル（体重の約50%負荷）でのトレーニングを行う。この時点において陸上で

図 6-1　アクアリハビリテーションプログラム
フェーズ 1（1〜3週間）

曜日	プロトコール	トレーニングの種類	環境
月	プログラム #1	ショートインターバル	深水
火	プログラム #2	積極的回復	深水
水	休み		
木	プログラム #3	ミーディアムインターバル	深水
金	プログラム #2	積極的回復	深水
土	プログラム #4	ロングインターバル	深水
日	休み		

図 6-2　アクアリハビリテーションプログラム
フェーズ 2（1〜3週間）

曜日	プロトコール	トレーニングの種類	環境
月	プログラム #1	ショートインターバル	浅水（5〜10%荷重負荷）
火	プログラム #2	積極的回復	深水
水	プログラム #3	ミーディアムインターバル	浅水（5〜10%荷重負荷）
木	プログラム #2	積極的回復	深水
金	プログラム #4	ロングインターバル	浅水（5〜10%荷重負荷）
土	プログラム #2	積極的回復	深水
日	休み		

図 6-3　アクアリハビリテーションプログラム
フェーズ 3（1〜3週間）

曜日	プロトコール	トレーニングの種類	環境
月	プログラム #1	ショートインターバル	浅水（15〜55%荷重負荷）
火	プログラム #2	積極的回復	深水
水	プログラム #3	ミーディアムインターバル	浅水（15〜55%荷重負荷）
木	プログラム #2	積極的回復	深水
金	プログラム #4	ロングインターバル	浅水（15〜55%荷重負荷）
土	プログラム #2	積極的回復	深水
日	休み		

のランニングやウォーキングとアクアランニングを組み合わせて実施することも可能である。浅水でのトレーニング時には、足を怪我することも考えられるのでアクアシューズを履くことが望ましい。表6-1〜表6-3に示すアクアリハビリプログラムは、整形外科的な外傷後のリハビリテーションとして、また、下肢障害を予防するためのエクササイズとして用いることがで

きる。このプロトコールは、前述の競技特性に応じたランニングプログラムの#1～#4のエクササイズが用いられている。

9. スイメックスによるコンディショニングプログラム

　プロ野球において、144試合という長いシーズンを戦いぬくためには投手のコンディショニングは必要不可欠であり、登板日に合わせてベストのコンディションにすることはパフォーマンスに大きく影響を与える。投手のコンディショニングをする上で、中5日あるいは中6日のローテーションの場合において、通常実施されているプログラムは以下の通りである[42]。

中5日のローテーションの場合:
　1日目：登板
　2日目：リカバリー（ジョギングやエアロバイクなどの有酸素エクササイズ、ストレッチ、マッサージなど）
　3日目：ウェイトトレーニング（上半身・体幹）、ホロースプリント
　4日目：ウェイトトレーニング（下半身・体幹）、SAQトレーニング
　5日目：スローワーエクササイズ(*1)、スプリント
　6日目：調整（ストレッチなど）
　7日目：登板

中6日のローテーションの場合:
　1日目：登板
　2日目：リカバリー（ジョギングやエアロバイクなどの有酸素エクササイズ、ストレッチ、マッサージなど）
　3日目：ウェイトトレーニング（上半身）、ホロースプリント
　4日目：スローワーエクササイズ(*1)、SAQトレーニング
　5日目：ウェイトトレーニング（下半身）、SAQトレーニング
　6日目：スローワーエクササイズ(*1)、スプリント
　7日目：調整（ストレッチなど）
　8日目：登板

*1：スローワーエクササイズ

①チューブを用いて立位での内旋・外旋（ローテーターカフ筋群）

②軽量ダンベルを用いて立位で腕を内旋させてスキャプション（棘上筋）

③軽量ダンベルを用いて伏臥水平外転（棘下筋、小円筋）

④チューブを用いて立位でフォワードパンチ（前鋸筋）

⑤チューブを用いて座位でワイドグリップローイング（僧帽筋中央線維、棘下筋、菱形筋）

⑥チューブを用いて立位でショルダーシュラッグ（僧帽筋上方線維、前鋸筋、肩甲挙筋）

⑦プレスアップ（小胸筋、僧帽筋下方線維）

⑧バランスボールあるいはバランスボードの上でプッシュアップ（肩関節の安定）

⑨チューブを用いて立位で90/90度での内旋・外旋（プライオメトリック）

⑩チューブを用いて立位でD2　PNF屈曲＆伸展パターン（プライオメトリック）

⑪ダンベルを用いて肩伸展（広背筋、大胸筋）

⑫ダンベルを用いて肘の屈曲・伸展（上腕二頭筋、上腕三頭筋）

⑬ダンベルを用いて前腕の回内・回外（円回内筋、回外筋）

⑭ダンベルを用いて手首の掌屈・背屈（掌屈筋群、背屈筋群）

⑮肩関節後部（関節包）ストレッチ

このコンディショニングプログラムにおいて、スイメックスを用いて実施すると以下の通りである。

中5日のローテーションの場合：

1日目：登板

2日目：リカバリー

　　アクアジョギング（RPE3.0にて20〜30分）

　　アクアストレッチ（5〜10分）

　　浮遊具を用いたリラクゼーション（5〜10分）

3日目：ウェイトトレーニング（上半身・体幹）

　　スイメックスによるアクアエクササイズ：

　　　　ロングインターバルランニング(30分)

　　　　　　RPE2.0にてウォームアップ3分、RPE3.0にて5分（インターバル：RPE2.0にて1分）、RPE3.5にて5分（インターバル：RPE2.0にて1分）、RPE3.5にて5分（インターバル：

RPE2.0にて1分、RPE4.0にて3分（インターバル：RPE2.0にて1分）、RPE4.0にて2分（インターバル：RPE2.0にて1分）、RPE2.0にてクールダウン2分

あるいは

ショートインターバルランニングA（34分）

RPE2.0にてウォームアップ3分、RPE4.0にて2分×10回（インターバル：RPE2.0にて1分）、RPE2.0にクールダウン2分

4日目：ウェイトトレーニング（下半身）、SAQトレーニング

5日目：スローワーエクササイズ（*1）

スイメックスによるアクアエクササイズ：

ショートインターバルランニングB（34分）

RPE2.0にてウォームアップ3分、RPE4.5～5.0にて30秒×10回（インターバル：RPE1.0～2.0にて1分）、RPE2.0にてクールダウン2分

あるいは

ショートインターバルランニングC（20分）

RPE2.0にてウォームアップ3分、RPE4.5～5.0にて15秒×20回（インターバル：RPE1.0～2.0にて30秒）、RPE2.0にてクールダウン2分

6日目：調整（ストレッチなど）

7日目：登板

中6日のローテーションの場合：

1日目：登板

2日目：リカバリー

アクアジョギング（RPE3.0にて20～30分）

アクアストレッチ（5～10分）

浮遊具を用いたリラクゼーション（5～10分）

3日目：ウェイトトレーニング（上半身）

スイメックスによるアクアエクササイズ：

ロングインターバルランニング（30分）

RPE2.0にてウォームアップ3分、RPE3.0にて5分（インターバル：RPE2.0にて1分）、RPE3.5にて5分（インターバル：RPE2.0にて1分）、RPE3.5にて5分（インターバル：RPE2.0にて1分、RPE4.0にて3分（インターバル：RPE2.0にて1分）、RPE4.0にて2分（イン

ターバル:RPE2.0にて1分)、RPE2.0にてクールダウン2分

あるいは

ショートインターバルランニングA(34分)

RPE2.0にてウォームアップ3分、RPE4.0にて2分×10回(インターバル:RPE2.0にて1分)、RPE2.0にクールダウン2分

4日目:スローワーエクササイズ(*1)

スイメックスによるアクアエクササイズ:

ショートインターバルランニングB(20分)

RPE2.0にてウォームアップ3分、RPE4.5〜5.0にて30秒×10回(インターバル:RPE1.0〜2.0にて1分)、RPE2.0にてクールダウン2分

あるいは

ショートインターバルランニングC(20分)

RPE2.0にてウォームアップ3分、RPE4.5〜5.0にて15秒×20回(インターバル:RPE1.0〜2.0にて30秒)、RPE2.0にてクールダウン2分

5日目:ウェイトトレーニング(下半身)、SAQトレーニング

6日目:スローワーエクササイズ(*1)

スイメックスによるアクアエクササイズ:

ショートインターバルランニングB(20分)

RPE2.0にてウォームアップ3分、RPE4.5〜5.0にて30秒×10回(インターバル:RPE1.0〜2.0にて1分)、RPE2.0にてクールダウン2分

あるいは

ショートインターバルランニングC(20分)

RPE2.0にてウォームアップ3分、RPE4.5〜5.0にて15秒×20回(インターバル:RPE1.0〜2.0にて30秒)、RPE2.0にてクールダウン2分

7日目:調整(ストレッチなど)

8日目:登板

ワークシート

フェーズ 1　　　　　　　腰椎アクアエクササイズプログラム　　　　　　　L1

氏名：
日付：

エクササイズ	セット数	時間 (秒)	歩数 (bpm)	速度 (lam/f)	荷重負荷 (%WB)
01] 立位での殿筋／腹筋アイソメトリックス	＿＿ ×	＿＿	＿＿	＿＿	＿＿
02] マーチング（腕を使わない）	＿＿ ×	＿＿	＿＿	＿＿	＿＿
03] 片足バランス立ち（上肢サポート）	＿＿ ×	＿＿	＿＿	＿＿	＿＿
04] 立位股関節屈曲（SLR）	＿＿ ×	＿＿	＿＿	＿＿	＿＿
05] 立位股関節外転／内転	＿＿ ×	＿＿	＿＿	＿＿	＿＿
06] 立位股関節伸展	＿＿ ×	＿＿	＿＿	＿＿	＿＿
07] 下肢ストレッチ（数種目）	＿＿ ×	＿＿	＿＿	＿＿	＿＿
08] アクアサイクル（股関節屈曲／伸展）	＿＿ ×	＿＿	＿＿	＿＿	＿＿
09] アクアジャックス（股関節外転／内転）	＿＿ ×	＿＿	＿＿	＿＿	＿＿
10] ＿＿＿＿＿＿＿＿＿＿＿＿＿＿＿＿	＿＿ ×	＿＿	＿＿	＿＿	＿＿
11] ＿＿＿＿＿＿＿＿＿＿＿＿＿＿＿＿	＿＿ ×	＿＿	＿＿	＿＿	＿＿
12] ＿＿＿＿＿＿＿＿＿＿＿＿＿＿＿＿	＿＿ ×	＿＿	＿＿	＿＿	＿＿
13] ＿＿＿＿＿＿＿＿＿＿＿＿＿＿＿＿	＿＿ ×	＿＿	＿＿	＿＿	＿＿
14] ＿＿＿＿＿＿＿＿＿＿＿＿＿＿＿＿	＿＿ ×	＿＿	＿＿	＿＿	＿＿
15] ＿＿＿＿＿＿＿＿＿＿＿＿＿＿＿＿	＿＿ ×	＿＿	＿＿	＿＿	＿＿

備考：
＿＿
＿＿
＿＿

日付：

エクササイズ	セット数	時間 (秒)	歩数 (bpm)	速度 (lam/f)	荷重負荷 (%WB)
01] 立位での殿筋／腹筋アイソメトリックス	＿＿ ×	＿＿	＿＿	＿＿	＿＿
02] マーチング（腕を使わない）	＿＿ ×	＿＿	＿＿	＿＿	＿＿
03] 片足バランス立ち（上肢サポート）	＿＿ ×	＿＿	＿＿	＿＿	＿＿
04] 立位股関節屈曲（SLR）	＿＿ ×	＿＿	＿＿	＿＿	＿＿
05] 立位股関節外転／内転	＿＿ ×	＿＿	＿＿	＿＿	＿＿
06] 立位股関節伸展	＿＿ ×	＿＿	＿＿	＿＿	＿＿
07] 下肢ストレッチ（数種目）	＿＿ ×	＿＿	＿＿	＿＿	＿＿
08] アクアサイクル（股関節屈曲／伸展）	＿＿ ×	＿＿	＿＿	＿＿	＿＿
09] アクアジャックス（股関節外転／内転）	＿＿ ×	＿＿	＿＿	＿＿	＿＿
10] ＿＿＿＿＿＿＿＿＿＿＿＿＿＿＿＿	＿＿ ×	＿＿	＿＿	＿＿	＿＿
11] ＿＿＿＿＿＿＿＿＿＿＿＿＿＿＿＿	＿＿ ×	＿＿	＿＿	＿＿	＿＿
12] ＿＿＿＿＿＿＿＿＿＿＿＿＿＿＿＿	＿＿ ×	＿＿	＿＿	＿＿	＿＿
13] ＿＿＿＿＿＿＿＿＿＿＿＿＿＿＿＿	＿＿ ×	＿＿	＿＿	＿＿	＿＿
14] ＿＿＿＿＿＿＿＿＿＿＿＿＿＿＿＿	＿＿ ×	＿＿	＿＿	＿＿	＿＿
15] ＿＿＿＿＿＿＿＿＿＿＿＿＿＿＿＿	＿＿ ×	＿＿	＿＿	＿＿	＿＿

備考：

フェーズ２　　　　　　　腰椎アクアエクササイズプログラム　　　　　L2

氏名：
日付：

エクササイズ	セット数	時間 （秒）	歩数 (bpm)	速度 (lam/f)	荷重負荷 (%WB)
01］前方／後方ウォーキング	＿＿＿×	＿＿＿	＿＿＿	＿＿＿	＿＿＿
02］サイドステップ	＿＿＿×	＿＿＿	＿＿＿	＿＿＿	＿＿＿
03］マーチング（腕をつかう）	＿＿＿×	＿＿＿	＿＿＿	＿＿＿	＿＿＿
04］立位股関節内旋／外旋	＿＿＿×	＿＿＿	＿＿＿	＿＿＿	＿＿＿
05］立位股関節回旋	＿＿＿×	＿＿＿	＿＿＿	＿＿＿	＿＿＿
06］ヒールレイズ（両足）	＿＿＿×	＿＿＿	＿＿＿	＿＿＿	＿＿＿
07］ミニスクワット（両脚）	＿＿＿×	＿＿＿	＿＿＿	＿＿＿	＿＿＿
08］下肢ストレッチ（数種目）	＿＿＿×	＿＿＿	＿＿＿	＿＿＿	＿＿＿
09］肩屈曲	＿＿＿×	＿＿＿	＿＿＿	＿＿＿	＿＿＿
10］肩水平外転／内転	＿＿＿×	＿＿＿	＿＿＿	＿＿＿	＿＿＿
11］ステップアップ	＿＿＿×	＿＿＿	＿＿＿	＿＿＿	＿＿＿
12］ミニクロスカントリー	＿＿＿×	＿＿＿	＿＿＿	＿＿＿	＿＿＿
13］アクアランニング	＿＿＿×	＿＿＿	＿＿＿	＿＿＿	＿＿＿
14］＿＿＿＿＿＿＿＿＿＿	＿＿＿×	＿＿＿	＿＿＿	＿＿＿	＿＿＿
15］＿＿＿＿＿＿＿＿＿＿	＿＿＿×	＿＿＿	＿＿＿	＿＿＿	＿＿＿

備考：
＿＿
＿＿
＿＿

日付：

エクササイズ	セット数	時間 （秒）	歩数 (bpm)	速度 (lam/f)	荷重負荷 (%WB)
01］前方／後方ウォーキング	＿＿＿×	＿＿＿	＿＿＿	＿＿＿	＿＿＿
02］サイドステップ	＿＿＿×	＿＿＿	＿＿＿	＿＿＿	＿＿＿
03］マーチング（腕をつかう）	＿＿＿×	＿＿＿	＿＿＿	＿＿＿	＿＿＿
04］立位股関節内旋／外旋	＿＿＿×	＿＿＿	＿＿＿	＿＿＿	＿＿＿
05］立位股関節回旋	＿＿＿×	＿＿＿	＿＿＿	＿＿＿	＿＿＿
06］ヒールレイズ（両足）	＿＿＿×	＿＿＿	＿＿＿	＿＿＿	＿＿＿
07］ミニスクワット（両脚）	＿＿＿×	＿＿＿	＿＿＿	＿＿＿	＿＿＿
08］下肢ストレッチ（数種目）	＿＿＿×	＿＿＿	＿＿＿	＿＿＿	＿＿＿
09］肩屈曲	＿＿＿×	＿＿＿	＿＿＿	＿＿＿	＿＿＿
10］肩水平外転／内転	＿＿＿×	＿＿＿	＿＿＿	＿＿＿	＿＿＿
11］ステップアップ	＿＿＿×	＿＿＿	＿＿＿	＿＿＿	＿＿＿
12］ミニクロスカントリー	＿＿＿×	＿＿＿	＿＿＿	＿＿＿	＿＿＿
13］アクアランニング	＿＿＿×	＿＿＿	＿＿＿	＿＿＿	＿＿＿
14］＿＿＿＿＿＿＿＿＿＿	＿＿＿×	＿＿＿	＿＿＿	＿＿＿	＿＿＿
15］＿＿＿＿＿＿＿＿＿＿	＿＿＿×	＿＿＿	＿＿＿	＿＿＿	＿＿＿

備考：
＿＿
＿＿
＿＿

フェーズ3　　　　　　　　　　**腰椎アクアエクササイズプログラム**　　　　　　　　L3

氏名：
日付：

	エクササイズ	セット数	時間 (秒)	歩数 (bpm)	速度 (lam/f)	荷重負荷 (%WB)
01]	前方／後方ウォーキング	＿＿＿ ×	＿＿＿	＿＿＿	＿＿＿	＿＿＿
02]	立位股関節屈曲／伸展	＿＿＿ ×	＿＿＿	＿＿＿	＿＿＿	＿＿＿
03]	ヒールレイズ（片足）	＿＿＿ ×	＿＿＿	＿＿＿	＿＿＿	＿＿＿
04]	ミニスクワット（片脚）	＿＿＿ ×	＿＿＿	＿＿＿	＿＿＿	＿＿＿
05]	ランジ	＿＿＿ ×	＿＿＿	＿＿＿	＿＿＿	＿＿＿
06]	ラテラルステップアップ	＿＿＿ ×	＿＿＿	＿＿＿	＿＿＿	＿＿＿
07]	ラテラルステップダウン	＿＿＿ ×	＿＿＿	＿＿＿	＿＿＿	＿＿＿
08]	トランクローテーション（ビート板使用）	＿＿＿ ×	＿＿＿	＿＿＿	＿＿＿	＿＿＿
09]	バタ足（仰臥位）	＿＿＿ ×	＿＿＿	＿＿＿	＿＿＿	＿＿＿
10]	アクアランニング（浅水にて）	＿＿＿ ×	＿＿＿	＿＿＿	＿＿＿	＿＿＿
11]	クロスカントリースキー	＿＿＿ ×	＿＿＿	＿＿＿	＿＿＿	＿＿＿
12]	＿＿＿＿＿＿＿＿＿＿＿＿＿＿	＿＿＿ ×	＿＿＿	＿＿＿	＿＿＿	＿＿＿
13]	＿＿＿＿＿＿＿＿＿＿＿＿＿＿	＿＿＿ ×	＿＿＿	＿＿＿	＿＿＿	＿＿＿
14]	＿＿＿＿＿＿＿＿＿＿＿＿＿＿	＿＿＿ ×	＿＿＿	＿＿＿	＿＿＿	＿＿＿
15]	＿＿＿＿＿＿＿＿＿＿＿＿＿＿	＿＿＿ ×	＿＿＿	＿＿＿	＿＿＿	＿＿＿

備考：
＿＿＿
＿＿＿
＿＿＿

日付：

	エクササイズ	セット数	時間 (秒)	歩数 (bpm)	速度 (lam/f)	荷重負荷 (%WB)
01]	前方／後方ウォーキング	＿＿＿ ×	＿＿＿	＿＿＿	＿＿＿	＿＿＿
02]	立位股関節屈曲／伸展	＿＿＿ ×	＿＿＿	＿＿＿	＿＿＿	＿＿＿
03]	ヒールレイズ（片足）	＿＿＿ ×	＿＿＿	＿＿＿	＿＿＿	＿＿＿
04]	ミニスクワット（片脚）	＿＿＿ ×	＿＿＿	＿＿＿	＿＿＿	＿＿＿
05]	ランジ	＿＿＿ ×	＿＿＿	＿＿＿	＿＿＿	＿＿＿
06]	ラテラルステップアップ	＿＿＿ ×	＿＿＿	＿＿＿	＿＿＿	＿＿＿
07]	ラテラルステップダウン	＿＿＿ ×	＿＿＿	＿＿＿	＿＿＿	＿＿＿
08]	トランクローテーション（ビート板使用）	＿＿＿ ×	＿＿＿	＿＿＿	＿＿＿	＿＿＿
09]	バタ足（仰臥位）	＿＿＿ ×	＿＿＿	＿＿＿	＿＿＿	＿＿＿
10]	アクアランニング（浅水にて）	＿＿＿ ×	＿＿＿	＿＿＿	＿＿＿	＿＿＿
11]	クロスカントリースキー	＿＿＿ ×	＿＿＿	＿＿＿	＿＿＿	＿＿＿
12]	＿＿＿＿＿＿＿＿＿＿＿＿＿＿	＿＿＿ ×	＿＿＿	＿＿＿	＿＿＿	＿＿＿
13]	＿＿＿＿＿＿＿＿＿＿＿＿＿＿	＿＿＿ ×	＿＿＿	＿＿＿	＿＿＿	＿＿＿
14]	＿＿＿＿＿＿＿＿＿＿＿＿＿＿	＿＿＿ ×	＿＿＿	＿＿＿	＿＿＿	＿＿＿
15]	＿＿＿＿＿＿＿＿＿＿＿＿＿＿	＿＿＿ ×	＿＿＿	＿＿＿	＿＿＿	＿＿＿

備考：

フェーズ1　　　　　　　　**頸椎アクアエクササイズプログラム**　　　　　　**C1**

氏名：
日付：

エクササイズ	セット数	時間 (秒)	歩数 (bpm)	速度 (lam/f)	荷重負荷 (%WB)
01］座位姿勢確認	＿＿＿×	＿＿＿	＿＿＿	＿＿＿	＿＿＿
02］座位肩屈曲／伸展	＿＿＿×	＿＿＿	＿＿＿	＿＿＿	＿＿＿
03］座位肩外転／内転	＿＿＿×	＿＿＿	＿＿＿	＿＿＿	＿＿＿
04］座位肩水平外転／内転	＿＿＿×	＿＿＿	＿＿＿	＿＿＿	＿＿＿
05］座位肘屈曲／伸展	＿＿＿×	＿＿＿	＿＿＿	＿＿＿	＿＿＿
06］座位アームプルバック	＿＿＿×	＿＿＿	＿＿＿	＿＿＿	＿＿＿
07］座位肩内旋／外旋	＿＿＿×	＿＿＿	＿＿＿	＿＿＿	＿＿＿
08］座位肩回旋	＿＿＿×	＿＿＿	＿＿＿	＿＿＿	＿＿＿
09］上肢ストレッチ（数種目）	＿＿＿×	＿＿＿	＿＿＿	＿＿＿	＿＿＿
10］アームサイクル（UBEのように）	＿＿＿×	＿＿＿	＿＿＿	＿＿＿	＿＿＿
11］ミニクロスカントリー	＿＿＿×	＿＿＿	＿＿＿	＿＿＿	＿＿＿
12］アクアサイクル	＿＿＿×	＿＿＿	＿＿＿	＿＿＿	＿＿＿
13］＿＿＿＿＿＿＿＿＿＿＿＿＿	＿＿＿×	＿＿＿	＿＿＿	＿＿＿	＿＿＿
14］＿＿＿＿＿＿＿＿＿＿＿＿＿	＿＿＿×	＿＿＿	＿＿＿	＿＿＿	＿＿＿
15］＿＿＿＿＿＿＿＿＿＿＿＿＿	＿＿＿×	＿＿＿	＿＿＿	＿＿＿	＿＿＿

備考：
＿＿＿
＿＿＿
＿＿＿
＿＿＿

日付：

エクササイズ	セット数	時間 (秒)	歩数 (bpm)	速度 (lam/f)	荷重負荷 (%WB)
01］座位姿勢確認	＿＿＿×	＿＿＿	＿＿＿	＿＿＿	＿＿＿
02］座位肩屈曲／伸展	＿＿＿×	＿＿＿	＿＿＿	＿＿＿	＿＿＿
03］座位肩外転／内転	＿＿＿×	＿＿＿	＿＿＿	＿＿＿	＿＿＿
04］座位肩水平外転／内転	＿＿＿×	＿＿＿	＿＿＿	＿＿＿	＿＿＿
05］座位肘屈曲／伸展	＿＿＿×	＿＿＿	＿＿＿	＿＿＿	＿＿＿
06］座位アームプルバック	＿＿＿×	＿＿＿	＿＿＿	＿＿＿	＿＿＿
07］座位肩内旋／外旋	＿＿＿×	＿＿＿	＿＿＿	＿＿＿	＿＿＿
08］座位肩回旋	＿＿＿×	＿＿＿	＿＿＿	＿＿＿	＿＿＿
09］上肢ストレッチ（数種目）	＿＿＿×	＿＿＿	＿＿＿	＿＿＿	＿＿＿
10］アームサイクル（UBEのように）	＿＿＿×	＿＿＿	＿＿＿	＿＿＿	＿＿＿
11］ミニクロスカントリー	＿＿＿×	＿＿＿	＿＿＿	＿＿＿	＿＿＿
12］アクアサイクル	＿＿＿×	＿＿＿	＿＿＿	＿＿＿	＿＿＿
13］＿＿＿＿＿＿＿＿＿＿＿＿＿	＿＿＿×	＿＿＿	＿＿＿	＿＿＿	＿＿＿
14］＿＿＿＿＿＿＿＿＿＿＿＿＿	＿＿＿×	＿＿＿	＿＿＿	＿＿＿	＿＿＿
15］＿＿＿＿＿＿＿＿＿＿＿＿＿	＿＿＿×	＿＿＿	＿＿＿	＿＿＿	＿＿＿

備考：
＿＿＿
＿＿＿
＿＿＿

フェーズ2　　　　　　　　**頸椎アクアエクササイズプログラム**　　　　　　**C2**

氏名：
日付：

エクササイズ	セット数	時間 (秒)	歩数 (bpm)	速度 (lam/f)	荷重負荷 (%WB)
01］立位姿勢確認	＿＿＿×	＿＿＿	＿＿＿	＿＿＿	＿＿＿
02］立位肩屈曲／伸展	＿＿＿×	＿＿＿	＿＿＿	＿＿＿	＿＿＿
03］立位肩外転／内転	＿＿＿×	＿＿＿	＿＿＿	＿＿＿	＿＿＿
04］立位肩水平外転／内転	＿＿＿×	＿＿＿	＿＿＿	＿＿＿	＿＿＿
05］立位肘屈曲／伸展	＿＿＿×	＿＿＿	＿＿＿	＿＿＿	＿＿＿
06］立位アームプルバック	＿＿＿×	＿＿＿	＿＿＿	＿＿＿	＿＿＿
07］立位肩内旋／外旋	＿＿＿×	＿＿＿	＿＿＿	＿＿＿	＿＿＿
08］マーチング（腕ふり）	＿＿＿×	＿＿＿	＿＿＿	＿＿＿	＿＿＿
09］上肢ストレッチ（数種目）	＿＿＿×	＿＿＿	＿＿＿	＿＿＿	＿＿＿
10］クロスカントリー	＿＿＿×	＿＿＿	＿＿＿	＿＿＿	＿＿＿
11］アクアジャックス（腕外転／内転）	＿＿＿×	＿＿＿	＿＿＿	＿＿＿	＿＿＿
12］＿＿＿＿＿＿＿＿＿＿＿＿＿＿	＿＿＿×	＿＿＿	＿＿＿	＿＿＿	＿＿＿
13］＿＿＿＿＿＿＿＿＿＿＿＿＿＿	＿＿＿×	＿＿＿	＿＿＿	＿＿＿	＿＿＿
14］＿＿＿＿＿＿＿＿＿＿＿＿＿＿	＿＿＿×	＿＿＿	＿＿＿	＿＿＿	＿＿＿
15］＿＿＿＿＿＿＿＿＿＿＿＿＿＿	＿＿＿×	＿＿＿	＿＿＿	＿＿＿	＿＿＿

備考：
＿＿＿
＿＿＿
＿＿＿

日付：

エクササイズ	セット数	時間 (秒)	歩数 (bpm)	速度 (lam/f)	荷重負荷 (%WB)
01］立位姿勢確認	＿＿＿×	＿＿＿	＿＿＿	＿＿＿	＿＿＿
02］立位肩屈曲／伸展	＿＿＿×	＿＿＿	＿＿＿	＿＿＿	＿＿＿
03］立位肩外転／内転	＿＿＿×	＿＿＿	＿＿＿	＿＿＿	＿＿＿
04］立位肩水平外転／内転	＿＿＿×	＿＿＿	＿＿＿	＿＿＿	＿＿＿
05］立位肘屈曲／伸展	＿＿＿×	＿＿＿	＿＿＿	＿＿＿	＿＿＿
06］立位アームプルバック	＿＿＿×	＿＿＿	＿＿＿	＿＿＿	＿＿＿
07］立位肩内旋／外旋	＿＿＿×	＿＿＿	＿＿＿	＿＿＿	＿＿＿
08］マーチング（腕ふり）	＿＿＿×	＿＿＿	＿＿＿	＿＿＿	＿＿＿
09］上肢ストレッチ（数種目）	＿＿＿×	＿＿＿	＿＿＿	＿＿＿	＿＿＿
10］クロスカントリー	＿＿＿×	＿＿＿	＿＿＿	＿＿＿	＿＿＿
11］アクアジャックス（腕外転／内転）	＿＿＿×	＿＿＿	＿＿＿	＿＿＿	＿＿＿
12］＿＿＿＿＿＿＿＿＿＿＿＿＿＿	＿＿＿×	＿＿＿	＿＿＿	＿＿＿	＿＿＿
13］＿＿＿＿＿＿＿＿＿＿＿＿＿＿	＿＿＿×	＿＿＿	＿＿＿	＿＿＿	＿＿＿
14］＿＿＿＿＿＿＿＿＿＿＿＿＿＿	＿＿＿×	＿＿＿	＿＿＿	＿＿＿	＿＿＿
15］＿＿＿＿＿＿＿＿＿＿＿＿＿＿	＿＿＿×	＿＿＿	＿＿＿	＿＿＿	＿＿＿

備考：
＿＿＿
＿＿＿
＿＿＿

フェーズ3　　　　　　　頸椎アクアエクササイズプログラム　　　　　　　　　　**C3**

氏名：
日付：

エクササイズ	セット数	時間 (秒)	歩数 (bpm)	速度 (lam/f)	荷重負荷 (%WB)
01］立位肩回旋	____ ×	____	____	____	____
02］立位肩内旋／外旋	____ ×	____	____	____	____
03］立位肩ＰＮＦパターン	____ ×	____	____	____	____
04］立位肩屈曲／伸展（ボール使用）	____ ×	____	____	____	____
05］立位肩水平外転／内転（ボール使用）	____ ×	____	____	____	____
06］立位肩ＰＮＦパターン（ボール使用）	____ ×	____	____	____	____
07］足踏み（＆非同調性の上肢運動）	____ ×	____	____	____	____
08］上肢ストレッチ（数種目）	____ ×	____	____	____	____
09］アクアサイクル／アームサイクル等	____ ×	____	____	____	____
10］アクアランニング	____ ×	____	____	____	____
11］水泳（クロール、平泳ぎ、背泳ぎ）	____ ×	____	____	____	____
12］_____	____ ×	____	____	____	____
13］_____	____ ×	____	____	____	____
14］_____	____ ×	____	____	____	____
15］_____	____ ×	____	____	____	____

備考：
_____
_____
_____
_____

日付：

エクササイズ	セット数	時間 (秒)	歩数 (bpm)	速度 (lam/f)	荷重負荷 (%WB)
01］立位肩回旋	____ ×	____	____	____	____
02］立位肩内旋／外旋	____ ×	____	____	____	____
03］立位肩ＰＮＦパターン	____ ×	____	____	____	____
04］立位肩屈曲／伸展（ボール使用）	____ ×	____	____	____	____
05］立位肩水平外転／内転（ボール使用）	____ ×	____	____	____	____
06］立位肩ＰＮＦパターン（ボール使用）	____ ×	____	____	____	____
07］足踏み（＆非同調性の上肢運動）	____ ×	____	____	____	____
08］上肢ストレッチ（数種目）	____ ×	____	____	____	____
09］アクアサイクル／アームサイクル等	____ ×	____	____	____	____
10］アクアランニング	____ ×	____	____	____	____
11］水泳（クロール、平泳ぎ、背泳ぎ）	____ ×	____	____	____	____
12］_____	____ ×	____	____	____	____
13］_____	____ ×	____	____	____	____
14］_____	____ ×	____	____	____	____
15］_____	____ ×	____	____	____	____

備考：
_____
_____
_____
_____

フェーズ1　　　　　　　　　股関節アクアエクササイズプログラム　　　　　　　　　　H1

氏名：
日付：

	エクササイズ	セット数	時間 (秒)	歩数 (bpm)	速度 (lam/f)	荷重負荷 (％WB)
01］	前方／後方ウォーキング	_____ ×	_____	_____	_____	_____
02］	サイドステップ	_____ ×	_____	_____	_____	_____
03］	腸脛靭帯ストレッチ	_____ ×	_____	_____	_____	_____
04］	腸腰筋ストレッチ	_____ ×	_____	_____	_____	_____
05］	内転筋ストレッチ	_____ ×	_____	_____	_____	_____
06］	脊柱伸展ストレッチ	_____ ×	_____	_____	_____	_____
07］	殿筋群ストレッチ	_____ ×	_____	_____	_____	_____
08］	梨状筋ストレッチ	_____ ×	_____	_____	_____	_____
09］	骨盤ティルト（背中を壁に向けて）	_____ ×	_____	_____	_____	_____
10］	殿筋スクイーズ	_____ ×	_____	_____	_____	_____
11］	股関節屈曲（SLR）	_____ ×	_____	_____	_____	_____
12］	股関節外転／内転	_____ ×	_____	_____	_____	_____
13］	股関節伸展	_____ ×	_____	_____	_____	_____
14］	股関節回旋	_____ ×	_____	_____	_____	_____
15］	片足バランス立ち	_____ ×	_____	_____	_____	_____
16］	アクアサイクル	_____ ×	_____	_____	_____	_____
17］	アクアジャックス	_____ ×	_____	_____	_____	_____
18］	_____	_____ ×	_____	_____	_____	_____
19］	_____	_____ ×	_____	_____	_____	_____
20］	_____	_____ ×	_____	_____	_____	_____

備考：

日付：

	エクササイズ	セット数	時間 (秒)	歩数 (bpm)	速度 (lam/f)	荷重負荷 (％WB)
01］	前方／後方ウォーキング	_____ ×	_____	_____	_____	_____
02］	サイドステップ	_____ ×	_____	_____	_____	_____
03］	腸脛靭帯ストレッチ	_____ ×	_____	_____	_____	_____
04］	腸腰筋ストレッチ	_____ ×	_____	_____	_____	_____
05］	内転筋ストレッチ	_____ ×	_____	_____	_____	_____
06］	脊柱伸展ストレッチ	_____ ×	_____	_____	_____	_____
07］	殿筋群ストレッチ	_____ ×	_____	_____	_____	_____
08］	梨状筋ストレッチ	_____ ×	_____	_____	_____	_____
09］	骨盤ティルト（背中を壁に向けて）	_____ ×	_____	_____	_____	_____
10］	殿筋スクイーズ	_____ ×	_____	_____	_____	_____
11］	股関節屈曲（SLR）	_____ ×	_____	_____	_____	_____
12］	股関節外転／内転	_____ ×	_____	_____	_____	_____
13］	股関節伸展	_____ ×	_____	_____	_____	_____
14］	股関節回旋	_____ ×	_____	_____	_____	_____
15］	片足バランス立ち	_____ ×	_____	_____	_____	_____
16］	アクアサイクル	_____ ×	_____	_____	_____	_____
17］	アクアジャックス	_____ ×	_____	_____	_____	_____
18］	_____	_____ ×	_____	_____	_____	_____
19］	_____	_____ ×	_____	_____	_____	_____
20］	_____	_____ ×	_____	_____	_____	_____

備考：

フェーズ2　　　　　　　　**股関節アクアエクササイズプログラム**　　　　　**H2**

氏名：
日付：

エクササイズ	セット数	時間 (秒)	歩数 (bpm)	速度 (lam/f)	荷重負荷 (％WB)
01］前方／後方ウォーキング	＿＿＿×	＿＿＿	＿＿＿	＿＿＿	＿＿＿
02］サイドステップ	＿＿＿×	＿＿＿	＿＿＿	＿＿＿	＿＿＿
03］フェーズ1の3から8	＿＿＿×	＿＿＿	＿＿＿	＿＿＿	＿＿＿
04］股関節屈曲／伸展	＿＿＿×	＿＿＿	＿＿＿	＿＿＿	＿＿＿
05］スクワット（両脚）	＿＿＿×	＿＿＿	＿＿＿	＿＿＿	＿＿＿
06］ヒールレイズ（両足）	＿＿＿×	＿＿＿	＿＿＿	＿＿＿	＿＿＿
07］ステップアップ（30cmの高さ）	＿＿＿×	＿＿＿	＿＿＿	＿＿＿	＿＿＿
08］ラテラルステップアップ	＿＿＿×	＿＿＿	＿＿＿	＿＿＿	＿＿＿
09］股関節内旋／外旋	＿＿＿×	＿＿＿	＿＿＿	＿＿＿	＿＿＿
10］アクアランニング	＿＿＿×	＿＿＿	＿＿＿	＿＿＿	＿＿＿
11］クロスカントリー／アクアジャックス	＿＿＿×	＿＿＿	＿＿＿	＿＿＿	＿＿＿
12］＿＿＿＿＿＿＿＿＿＿＿＿＿＿＿	＿＿＿×	＿＿＿	＿＿＿	＿＿＿	＿＿＿
13］＿＿＿＿＿＿＿＿＿＿＿＿＿＿＿	＿＿＿×	＿＿＿	＿＿＿	＿＿＿	＿＿＿
14］＿＿＿＿＿＿＿＿＿＿＿＿＿＿＿	＿＿＿×	＿＿＿	＿＿＿	＿＿＿	＿＿＿
15］＿＿＿＿＿＿＿＿＿＿＿＿＿＿＿	＿＿＿×	＿＿＿	＿＿＿	＿＿＿	＿＿＿

備考：
_____
_____
_____
_____

日付：

エクササイズ	セット数	時間 (秒)	歩数 (bpm)	速度 (lam/f)	荷重負荷 (％WB)
01］前方／後方ウォーキング	＿＿＿×	＿＿＿	＿＿＿	＿＿＿	＿＿＿
02］サイドステップ	＿＿＿×	＿＿＿	＿＿＿	＿＿＿	＿＿＿
03］フェーズ1の3から8	＿＿＿×	＿＿＿	＿＿＿	＿＿＿	＿＿＿
04］股関節屈曲／伸展	＿＿＿×	＿＿＿	＿＿＿	＿＿＿	＿＿＿
05］スクワット（両脚）	＿＿＿×	＿＿＿	＿＿＿	＿＿＿	＿＿＿
06］ヒールレイズ（両足）	＿＿＿×	＿＿＿	＿＿＿	＿＿＿	＿＿＿
07］ステップアップ（30cmの高さ）	＿＿＿×	＿＿＿	＿＿＿	＿＿＿	＿＿＿
08］ラテラルステップアップ	＿＿＿×	＿＿＿	＿＿＿	＿＿＿	＿＿＿
09］股関節内旋／外旋	＿＿＿×	＿＿＿	＿＿＿	＿＿＿	＿＿＿
10］アクアランニング	＿＿＿×	＿＿＿	＿＿＿	＿＿＿	＿＿＿
11］クロスカントリー／アクアジャックス	＿＿＿×	＿＿＿	＿＿＿	＿＿＿	＿＿＿
12］＿＿＿＿＿＿＿＿＿＿＿＿＿＿＿	＿＿＿×	＿＿＿	＿＿＿	＿＿＿	＿＿＿
13］＿＿＿＿＿＿＿＿＿＿＿＿＿＿＿	＿＿＿×	＿＿＿	＿＿＿	＿＿＿	＿＿＿
14］＿＿＿＿＿＿＿＿＿＿＿＿＿＿＿	＿＿＿×	＿＿＿	＿＿＿	＿＿＿	＿＿＿
15］＿＿＿＿＿＿＿＿＿＿＿＿＿＿＿	＿＿＿×	＿＿＿	＿＿＿	＿＿＿	＿＿＿

備考：
_____
_____
_____
_____

フェーズ3　　　　　　　　　**股関節アクアエクササイズプログラム**　　　　　　　　　H3

氏名：
日付：

	エクササイズ	セット数	時間 （秒）	歩数 (bpm)	速度 (lam/f)	荷重負荷 (%WB)
01]	スクウェアパターンウォーキング	＿＿ ×	＿＿	＿＿	＿＿	＿＿
02]	サイドステップ	＿＿ ×	＿＿	＿＿	＿＿	＿＿
03]	フェーズ1の3から8	＿＿ ×	＿＿	＿＿	＿＿	＿＿
04]	股関節内旋／外旋（股関節・膝90度）	＿＿ ×	＿＿	＿＿	＿＿	＿＿
05]	スクワット（片脚）	＿＿ ×	＿＿	＿＿	＿＿	＿＿
06]	ヒールレイズ（片足）	＿＿ ×	＿＿	＿＿	＿＿	＿＿
07]	ステップダウン（30cmの高さ）	＿＿ ×	＿＿	＿＿	＿＿	＿＿
08]	ラテラルステップダウン（30cmの高さ）	＿＿ ×	＿＿	＿＿	＿＿	＿＿
09]	アクアランニング	＿＿ ×	＿＿	＿＿	＿＿	＿＿
10]	＿＿＿＿＿＿＿＿＿＿＿	＿＿ ×	＿＿	＿＿	＿＿	＿＿
11]	＿＿＿＿＿＿＿＿＿＿＿	＿＿ ×	＿＿	＿＿	＿＿	＿＿
12]	＿＿＿＿＿＿＿＿＿＿＿	＿＿ ×	＿＿	＿＿	＿＿	＿＿
13]	＿＿＿＿＿＿＿＿＿＿＿	＿＿ ×	＿＿	＿＿	＿＿	＿＿
14]	＿＿＿＿＿＿＿＿＿＿＿	＿＿ ×	＿＿	＿＿	＿＿	＿＿
15]	＿＿＿＿＿＿＿＿＿＿＿	＿＿ ×	＿＿	＿＿	＿＿	＿＿

備考：
＿＿＿
＿＿＿
＿＿＿

日付：

	エクササイズ	セット数	時間 （秒）	歩数 (bpm)	速度 (lam/f)	荷重負荷 (%WB)
01]	スクウェアパターンウォーキング	＿＿ ×	＿＿	＿＿	＿＿	＿＿
02]	サイドステップ	＿＿ ×	＿＿	＿＿	＿＿	＿＿
03]	フェーズ1の3から8	＿＿ ×	＿＿	＿＿	＿＿	＿＿
04]	股関節内旋／外旋（股関節・膝90度）	＿＿ ×	＿＿	＿＿	＿＿	＿＿
05]	スクワット（片脚）	＿＿ ×	＿＿	＿＿	＿＿	＿＿
06]	ヒールレイズ（片足）	＿＿ ×	＿＿	＿＿	＿＿	＿＿
07]	ステップダウン（30cmの高さ）	＿＿ ×	＿＿	＿＿	＿＿	＿＿
08]	ラテラルステップダウン（30cmの高さ）	＿＿ ×	＿＿	＿＿	＿＿	＿＿
09]	アクアランニング	＿＿ ×	＿＿	＿＿	＿＿	＿＿
10]	＿＿＿＿＿＿＿＿＿＿＿	＿＿ ×	＿＿	＿＿	＿＿	＿＿
11]	＿＿＿＿＿＿＿＿＿＿＿	＿＿ ×	＿＿	＿＿	＿＿	＿＿
12]	＿＿＿＿＿＿＿＿＿＿＿	＿＿ ×	＿＿	＿＿	＿＿	＿＿
13]	＿＿＿＿＿＿＿＿＿＿＿	＿＿ ×	＿＿	＿＿	＿＿	＿＿
14]	＿＿＿＿＿＿＿＿＿＿＿	＿＿ ×	＿＿	＿＿	＿＿	＿＿
15]	＿＿＿＿＿＿＿＿＿＿＿	＿＿ ×	＿＿	＿＿	＿＿	＿＿

備考：
＿＿＿
＿＿＿
＿＿＿

フェーズ1　　　　　　　　**膝関節アクアエクササイズプログラム**　　　　　　　K1

氏名：
日付：

エクササイズ	セット数	時間 (秒)	歩数 (bpm)	速度 (lam/f)	荷重負荷 (％WB)
01］前方ウォーキング	＿＿＿×	＿＿＿	＿＿＿	＿＿＿	＿＿＿
02］下肢ストレッチ（数種目）	＿＿＿×	＿＿＿	＿＿＿	＿＿＿	＿＿＿
03］1/4 スクワット（両脚）	＿＿＿×	＿＿＿	＿＿＿	＿＿＿	＿＿＿
04］トゥレイズ（両足）	＿＿＿×	＿＿＿	＿＿＿	＿＿＿	＿＿＿
05］股関節屈曲（膝屈曲位）	＿＿＿×	＿＿＿	＿＿＿	＿＿＿	＿＿＿
06］股関節伸展（膝屈曲位）	＿＿＿×	＿＿＿	＿＿＿	＿＿＿	＿＿＿
07］ハーフランジ	＿＿＿×	＿＿＿	＿＿＿	＿＿＿	＿＿＿
08］股関節外転	＿＿＿×	＿＿＿	＿＿＿	＿＿＿	＿＿＿
09］股関節内転	＿＿＿×	＿＿＿	＿＿＿	＿＿＿	＿＿＿
10］ハムストリングカール（股関節90度）	＿＿＿×	＿＿＿	＿＿＿	＿＿＿	＿＿＿
11］アクアサイクル（深水にて）	＿＿＿×	＿＿＿	＿＿＿	＿＿＿	＿＿＿
12］アクアジャックス（深水にて）	＿＿＿×	＿＿＿	＿＿＿	＿＿＿	＿＿＿
13］＿＿＿＿＿＿＿＿＿＿＿＿＿＿	＿＿＿×				
14］＿＿＿＿＿＿＿＿＿＿＿＿＿＿	＿＿＿×				
15］＿＿＿＿＿＿＿＿＿＿＿＿＿＿	＿＿＿×				

備考：
＿＿＿＿＿＿＿＿＿＿＿＿＿＿＿＿＿＿＿＿＿＿＿＿＿＿＿＿＿＿＿＿＿＿＿＿＿＿
＿＿＿＿＿＿＿＿＿＿＿＿＿＿＿＿＿＿＿＿＿＿＿＿＿＿＿＿＿＿＿＿＿＿＿＿＿＿
＿＿＿＿＿＿＿＿＿＿＿＿＿＿＿＿＿＿＿＿＿＿＿＿＿＿＿＿＿＿＿＿＿＿＿＿＿＿

日付：

エクササイズ	セット数	時間 (秒)	歩数 (bpm)	速度 (lam/f)	荷重負荷 (％WB)
01］前方ウォーキング	＿＿＿×	＿＿＿	＿＿＿	＿＿＿	＿＿＿
02］下肢ストレッチ（数種目）	＿＿＿×	＿＿＿	＿＿＿	＿＿＿	＿＿＿
03］1/4 スクワット（両脚）	＿＿＿×	＿＿＿	＿＿＿	＿＿＿	＿＿＿
04］トゥレイズ（両足）	＿＿＿×	＿＿＿	＿＿＿	＿＿＿	＿＿＿
05］股関節屈曲（膝屈曲位）	＿＿＿×	＿＿＿	＿＿＿	＿＿＿	＿＿＿
06］股関節伸展（膝屈曲位）	＿＿＿×	＿＿＿	＿＿＿	＿＿＿	＿＿＿
07］ハーフランジ	＿＿＿×	＿＿＿	＿＿＿	＿＿＿	＿＿＿
08］股関節外転	＿＿＿×	＿＿＿	＿＿＿	＿＿＿	＿＿＿
09］股関節内転	＿＿＿×	＿＿＿	＿＿＿	＿＿＿	＿＿＿
10］ハムストリングカール（股関節90度）	＿＿＿×	＿＿＿	＿＿＿	＿＿＿	＿＿＿
11］アクアサイクル（深水にて）	＿＿＿×	＿＿＿	＿＿＿	＿＿＿	＿＿＿
12］アクアジャックス（深水にて）	＿＿＿×	＿＿＿	＿＿＿	＿＿＿	＿＿＿
13］＿＿＿＿＿＿＿＿＿＿＿＿＿＿	＿＿＿×				
14］＿＿＿＿＿＿＿＿＿＿＿＿＿＿	＿＿＿×				
15］＿＿＿＿＿＿＿＿＿＿＿＿＿＿	＿＿＿×				

備考：
＿＿＿＿＿＿＿＿＿＿＿＿＿＿＿＿＿＿＿＿＿＿＿＿＿＿＿＿＿＿＿＿＿＿＿＿＿＿
＿＿＿＿＿＿＿＿＿＿＿＿＿＿＿＿＿＿＿＿＿＿＿＿＿＿＿＿＿＿＿＿＿＿＿＿＿＿
＿＿＿＿＿＿＿＿＿＿＿＿＿＿＿＿＿＿＿＿＿＿＿＿＿＿＿＿＿＿＿＿＿＿＿＿＿＿

フェーズ２　　　　　　　膝関節アクアエクササイズプログラム　　　　　　　　**K2**

氏名：
日付：

エクササイズ	セット数	時間 (秒)	歩数 (bpm)	速度 (lam/f)	荷重負荷 (%WB)
01］前方／後方ウォーキング	＿＿＿×	＿＿＿	＿＿＿	＿＿＿	＿＿＿
02］サイドステップ	＿＿＿×	＿＿＿	＿＿＿	＿＿＿	＿＿＿
03］下肢ストレッチ（数種目）	＿＿＿×	＿＿＿	＿＿＿	＿＿＿	＿＿＿
04］ランジ	＿＿＿×	＿＿＿	＿＿＿	＿＿＿	＿＿＿
05］1/4 あるいは 1/2 スクワット（片脚）	＿＿＿×	＿＿＿	＿＿＿	＿＿＿	＿＿＿
06］トウレイズ（片足）	＿＿＿×	＿＿＿	＿＿＿	＿＿＿	＿＿＿
07］バタ足（仰臥位でフィンを用いて）	＿＿＿×	＿＿＿	＿＿＿	＿＿＿	＿＿＿
08］アクアサイクル（深水にて）	＿＿＿×	＿＿＿	＿＿＿	＿＿＿	＿＿＿
09］アクアジャックス（深水にて）	＿＿＿×	＿＿＿	＿＿＿	＿＿＿	＿＿＿
10］ミニクロスカントリー（深水にて）	＿＿＿×	＿＿＿	＿＿＿	＿＿＿	＿＿＿
11］＿＿＿＿＿＿＿＿＿＿	＿＿＿×	＿＿＿	＿＿＿	＿＿＿	＿＿＿
12］＿＿＿＿＿＿＿＿＿＿	＿＿＿×	＿＿＿	＿＿＿	＿＿＿	＿＿＿
13］＿＿＿＿＿＿＿＿＿＿	＿＿＿×	＿＿＿	＿＿＿	＿＿＿	＿＿＿
14］＿＿＿＿＿＿＿＿＿＿	＿＿＿×	＿＿＿	＿＿＿	＿＿＿	＿＿＿
15］＿＿＿＿＿＿＿＿＿＿	＿＿＿×	＿＿＿	＿＿＿	＿＿＿	＿＿＿

備考：
_____
_____
_____

日付：

エクササイズ	セット数	時間 (秒)	歩数 (bpm)	速度 (lam/f)	荷重負荷 (%WB)
01］前方／後方ウォーキング	＿＿＿×	＿＿＿	＿＿＿	＿＿＿	＿＿＿
02］サイドステップ	＿＿＿×	＿＿＿	＿＿＿	＿＿＿	＿＿＿
03］下肢ストレッチ（数種目）	＿＿＿×	＿＿＿	＿＿＿	＿＿＿	＿＿＿
04］ランジ	＿＿＿×	＿＿＿	＿＿＿	＿＿＿	＿＿＿
05］1/4 あるいは 1/2 スクワット（片脚）	＿＿＿×	＿＿＿	＿＿＿	＿＿＿	＿＿＿
06］トウレイズ（片足）	＿＿＿×	＿＿＿	＿＿＿	＿＿＿	＿＿＿
07］バタ足（仰臥位でフィンを用いて）	＿＿＿×	＿＿＿	＿＿＿	＿＿＿	＿＿＿
08］アクアサイクル（深水にて）	＿＿＿×	＿＿＿	＿＿＿	＿＿＿	＿＿＿
09］アクアジャックス（深水にて）	＿＿＿×	＿＿＿	＿＿＿	＿＿＿	＿＿＿
10］ミニクロスカントリー（深水にて）	＿＿＿×	＿＿＿	＿＿＿	＿＿＿	＿＿＿
11］＿＿＿＿＿＿＿＿＿＿	＿＿＿×	＿＿＿	＿＿＿	＿＿＿	＿＿＿
12］＿＿＿＿＿＿＿＿＿＿	＿＿＿×	＿＿＿	＿＿＿	＿＿＿	＿＿＿
13］＿＿＿＿＿＿＿＿＿＿	＿＿＿×	＿＿＿	＿＿＿	＿＿＿	＿＿＿
14］＿＿＿＿＿＿＿＿＿＿	＿＿＿×	＿＿＿	＿＿＿	＿＿＿	＿＿＿
15］＿＿＿＿＿＿＿＿＿＿	＿＿＿×	＿＿＿	＿＿＿	＿＿＿	＿＿＿

備考：
_____
_____
_____

フェーズ3　　　　　　　　　膝関節アクアエクササイズプログラム　　　　　　　　K3

氏名：
日付：

エクササイズ	セット数	時間(秒)	歩数(bpm)	速度(lam/f)	荷重負荷(%WB)
01］前方／後方ウォーキング	＿＿×＿＿	＿＿	＿＿	＿＿	＿＿
02］サイドステップ	＿＿×＿＿	＿＿	＿＿	＿＿	＿＿
03］クロスオーバーステップ	＿＿×＿＿	＿＿	＿＿	＿＿	＿＿
04］ヒールレイズ（片足）	＿＿×＿＿	＿＿	＿＿	＿＿	＿＿
05］下肢PNF（D1＆D2パターン）	＿＿×＿＿	＿＿	＿＿	＿＿	＿＿
06］ホッピング（両脚：横／前方）	＿＿×＿＿	＿＿	＿＿	＿＿	＿＿
07］アクアランニング（ランニングパッド使用）	＿＿×＿＿	＿＿	＿＿	＿＿	＿＿
08］レトロアクアサイクル（後ろ向き）	＿＿×＿＿	＿＿	＿＿	＿＿	＿＿
09］アクアランニング（深水にて）	＿＿×＿＿	＿＿	＿＿	＿＿	＿＿
10］＿＿＿＿＿＿＿＿＿＿＿＿＿＿	＿＿×＿＿	＿＿	＿＿	＿＿	＿＿
11］＿＿＿＿＿＿＿＿＿＿＿＿＿＿	＿＿×＿＿	＿＿	＿＿	＿＿	＿＿
12］＿＿＿＿＿＿＿＿＿＿＿＿＿＿	＿＿×＿＿	＿＿	＿＿	＿＿	＿＿
13］＿＿＿＿＿＿＿＿＿＿＿＿＿＿	＿＿×＿＿	＿＿	＿＿	＿＿	＿＿
14］＿＿＿＿＿＿＿＿＿＿＿＿＿＿	＿＿×＿＿	＿＿	＿＿	＿＿	＿＿
15］＿＿＿＿＿＿＿＿＿＿＿＿＿＿	＿＿×＿＿	＿＿	＿＿	＿＿	＿＿

備考：
＿＿
＿＿
＿＿

日付：

エクササイズ	セット数	時間(秒)	歩数(bpm)	速度(lam/f)	荷重負荷(%WB)
01］前方／後方ウォーキング	＿＿×＿＿	＿＿	＿＿	＿＿	＿＿
02］サイドステップ	＿＿×＿＿	＿＿	＿＿	＿＿	＿＿
03］クロスオーバーステップ	＿＿×＿＿	＿＿	＿＿	＿＿	＿＿
04］ヒールレイズ（片足）	＿＿×＿＿	＿＿	＿＿	＿＿	＿＿
05］下肢PNF（D1＆D2パターン）	＿＿×＿＿	＿＿	＿＿	＿＿	＿＿
06］ホッピング（両脚：横／前方）	＿＿×＿＿	＿＿	＿＿	＿＿	＿＿
07］アクアランニング（ランニングパッド使用）	＿＿×＿＿	＿＿	＿＿	＿＿	＿＿
08］レトロアクアサイクル（後ろ向き）	＿＿×＿＿	＿＿	＿＿	＿＿	＿＿
09］アクアランニング（深水にて）	＿＿×＿＿	＿＿	＿＿	＿＿	＿＿
10］＿＿＿＿＿＿＿＿＿＿＿＿＿＿	＿＿×＿＿	＿＿	＿＿	＿＿	＿＿
11］＿＿＿＿＿＿＿＿＿＿＿＿＿＿	＿＿×＿＿	＿＿	＿＿	＿＿	＿＿
12］＿＿＿＿＿＿＿＿＿＿＿＿＿＿	＿＿×＿＿	＿＿	＿＿	＿＿	＿＿
13］＿＿＿＿＿＿＿＿＿＿＿＿＿＿	＿＿×＿＿	＿＿	＿＿	＿＿	＿＿
14］＿＿＿＿＿＿＿＿＿＿＿＿＿＿	＿＿×＿＿	＿＿	＿＿	＿＿	＿＿
15］＿＿＿＿＿＿＿＿＿＿＿＿＿＿	＿＿×＿＿	＿＿	＿＿	＿＿	＿＿

備考：

フェーズ1　　　　　　　　足関節アクアエクササイズプログラム　　　　　　　　　　A1

氏名：
日付：

エクササイズ	セット数	時間 (秒)	歩数 (bpm)	速度 (lam/f)	荷重負荷 (%WB)
01］前方／後方ウォーキング	＿＿＿＿×	＿＿＿＿	＿＿＿＿	＿＿＿＿	＿＿＿＿
02］サイドステップ	＿＿＿＿×	＿＿＿＿	＿＿＿＿	＿＿＿＿	＿＿＿＿
03］腓腹筋ストレッチ	＿＿＿＿×	＿＿＿＿	＿＿＿＿	＿＿＿＿	＿＿＿＿
04］ヒラメ筋ストレッチ	＿＿＿＿×	＿＿＿＿	＿＿＿＿	＿＿＿＿	＿＿＿＿
05］前脛骨筋ストレッチ	＿＿＿＿×	＿＿＿＿	＿＿＿＿	＿＿＿＿	＿＿＿＿
06］足底筋膜ストレッチ	＿＿＿＿×	＿＿＿＿	＿＿＿＿	＿＿＿＿	＿＿＿＿
07］足首背屈	＿＿＿＿×	＿＿＿＿	＿＿＿＿	＿＿＿＿	＿＿＿＿
08］足首底筋	＿＿＿＿×	＿＿＿＿	＿＿＿＿	＿＿＿＿	＿＿＿＿
09］足首外反／内反	＿＿＿＿×	＿＿＿＿	＿＿＿＿	＿＿＿＿	＿＿＿＿
10］アンクルアルファベット（足首で字を描く）	＿＿＿＿×	＿＿＿＿	＿＿＿＿	＿＿＿＿	＿＿＿＿
11］＿＿＿＿＿＿＿＿＿＿＿＿＿＿＿	＿＿＿＿×	＿＿＿＿	＿＿＿＿	＿＿＿＿	＿＿＿＿
12］＿＿＿＿＿＿＿＿＿＿＿＿＿＿＿	＿＿＿＿×	＿＿＿＿	＿＿＿＿	＿＿＿＿	＿＿＿＿
13］＿＿＿＿＿＿＿＿＿＿＿＿＿＿＿	＿＿＿＿×	＿＿＿＿	＿＿＿＿	＿＿＿＿	＿＿＿＿
14］＿＿＿＿＿＿＿＿＿＿＿＿＿＿＿	＿＿＿＿×	＿＿＿＿	＿＿＿＿	＿＿＿＿	＿＿＿＿
15］＿＿＿＿＿＿＿＿＿＿＿＿＿＿＿	＿＿＿＿×	＿＿＿＿	＿＿＿＿	＿＿＿＿	＿＿＿＿

備考：
＿＿
＿＿
＿＿

日付：

エクササイズ	セット数	時間 (秒)	歩数 (bpm)	速度 (lam/f)	荷重負荷 (%WB)
01］前方／後方ウォーキング	＿＿＿＿×	＿＿＿＿	＿＿＿＿	＿＿＿＿	＿＿＿＿
02］サイドステップ	＿＿＿＿×	＿＿＿＿	＿＿＿＿	＿＿＿＿	＿＿＿＿
03］腓腹筋ストレッチ	＿＿＿＿×	＿＿＿＿	＿＿＿＿	＿＿＿＿	＿＿＿＿
04］ヒラメ筋ストレッチ	＿＿＿＿×	＿＿＿＿	＿＿＿＿	＿＿＿＿	＿＿＿＿
05］前脛骨筋ストレッチ	＿＿＿＿×	＿＿＿＿	＿＿＿＿	＿＿＿＿	＿＿＿＿
06］足底筋膜ストレッチ	＿＿＿＿×	＿＿＿＿	＿＿＿＿	＿＿＿＿	＿＿＿＿
07］足首背屈	＿＿＿＿×	＿＿＿＿	＿＿＿＿	＿＿＿＿	＿＿＿＿
08］足首底筋	＿＿＿＿×	＿＿＿＿	＿＿＿＿	＿＿＿＿	＿＿＿＿
09］足首外反／内反	＿＿＿＿×	＿＿＿＿	＿＿＿＿	＿＿＿＿	＿＿＿＿
10］アンクルアルファベット（足首で字を描く）	＿＿＿＿×	＿＿＿＿	＿＿＿＿	＿＿＿＿	＿＿＿＿
11］＿＿＿＿＿＿＿＿＿＿＿＿＿＿＿	＿＿＿＿×	＿＿＿＿	＿＿＿＿	＿＿＿＿	＿＿＿＿
12］＿＿＿＿＿＿＿＿＿＿＿＿＿＿＿	＿＿＿＿×	＿＿＿＿	＿＿＿＿	＿＿＿＿	＿＿＿＿
13］＿＿＿＿＿＿＿＿＿＿＿＿＿＿＿	＿＿＿＿×	＿＿＿＿	＿＿＿＿	＿＿＿＿	＿＿＿＿
14］＿＿＿＿＿＿＿＿＿＿＿＿＿＿＿	＿＿＿＿×	＿＿＿＿	＿＿＿＿	＿＿＿＿	＿＿＿＿
15］＿＿＿＿＿＿＿＿＿＿＿＿＿＿＿	＿＿＿＿×	＿＿＿＿	＿＿＿＿	＿＿＿＿	＿＿＿＿

備考：

フェーズ2　　　　　　　足関節アクアエクササイズプログラム　　　　　A2

氏名：
日付：

	エクササイズ	セット数	時間 (秒)	歩数 (bpm)	速度 (lam/f)	荷重負荷 (%WB)
01]	前方／後方ウォーキング	＿＿＿×	＿＿＿	＿＿＿	＿＿＿	＿＿＿
02]	サイドステップ／クロスオーバーステップ	＿＿＿×	＿＿＿	＿＿＿	＿＿＿	＿＿＿
03]	フェーズ1の3から6	＿＿＿×	＿＿＿	＿＿＿	＿＿＿	＿＿＿
04]	ヒールレイズ（片足）	＿＿＿×	＿＿＿	＿＿＿	＿＿＿	＿＿＿
05]	アンクルウォーク（踵歩き）	＿＿＿×	＿＿＿	＿＿＿	＿＿＿	＿＿＿
06]	アンクルウォーク（つま先歩き）	＿＿＿×	＿＿＿	＿＿＿	＿＿＿	＿＿＿
07]	アンクルウォーク（足首内反歩き）	＿＿＿×	＿＿＿	＿＿＿	＿＿＿	＿＿＿
08]	アンクルウォーク（足首外反歩き）	＿＿＿×	＿＿＿	＿＿＿	＿＿＿	＿＿＿
09]	ホッピング（両脚）	＿＿＿×	＿＿＿	＿＿＿	＿＿＿	＿＿＿
10]	バタ足（フィンを用いて）	＿＿＿×	＿＿＿	＿＿＿	＿＿＿	＿＿＿
11]	＿＿＿＿＿＿＿＿＿＿＿＿＿＿＿	＿＿＿×	＿＿＿	＿＿＿	＿＿＿	＿＿＿
12]	＿＿＿＿＿＿＿＿＿＿＿＿＿＿＿	＿＿＿×	＿＿＿	＿＿＿	＿＿＿	＿＿＿
13]	＿＿＿＿＿＿＿＿＿＿＿＿＿＿＿	＿＿＿×	＿＿＿	＿＿＿	＿＿＿	＿＿＿
14]	＿＿＿＿＿＿＿＿＿＿＿＿＿＿＿	＿＿＿×	＿＿＿	＿＿＿	＿＿＿	＿＿＿
15]	＿＿＿＿＿＿＿＿＿＿＿＿＿＿＿	＿＿＿×	＿＿＿	＿＿＿	＿＿＿	＿＿＿

備考：
＿＿＿
＿＿＿
＿＿＿

日付：

	エクササイズ	セット数	時間 (秒)	歩数 (bpm)	速度 (lam/f)	荷重負荷 (%WB)
01]	前方／後方ウォーキング	＿＿＿×	＿＿＿	＿＿＿	＿＿＿	＿＿＿
02]	サイドステップ／クロスオーバーステップ	＿＿＿×	＿＿＿	＿＿＿	＿＿＿	＿＿＿
03]	フェーズ1の3から6	＿＿＿×	＿＿＿	＿＿＿	＿＿＿	＿＿＿
04]	ヒールレイズ（片足）	＿＿＿×	＿＿＿	＿＿＿	＿＿＿	＿＿＿
05]	アンクルウォーク（踵歩き）	＿＿＿×	＿＿＿	＿＿＿	＿＿＿	＿＿＿
06]	アンクルウォーク（つま先歩き）	＿＿＿×	＿＿＿	＿＿＿	＿＿＿	＿＿＿
07]	アンクルウォーク（足首内反歩き）	＿＿＿×	＿＿＿	＿＿＿	＿＿＿	＿＿＿
08]	アンクルウォーク（足首外反歩き）	＿＿＿×	＿＿＿	＿＿＿	＿＿＿	＿＿＿
09]	ホッピング（両脚）	＿＿＿×	＿＿＿	＿＿＿	＿＿＿	＿＿＿
10]	バタ足（フィンを用いて）	＿＿＿×	＿＿＿	＿＿＿	＿＿＿	＿＿＿
11]	＿＿＿＿＿＿＿＿＿＿＿＿＿＿＿	＿＿＿×	＿＿＿	＿＿＿	＿＿＿	＿＿＿
12]	＿＿＿＿＿＿＿＿＿＿＿＿＿＿＿	＿＿＿×	＿＿＿	＿＿＿	＿＿＿	＿＿＿
13]	＿＿＿＿＿＿＿＿＿＿＿＿＿＿＿	＿＿＿×	＿＿＿	＿＿＿	＿＿＿	＿＿＿
14]	＿＿＿＿＿＿＿＿＿＿＿＿＿＿＿	＿＿＿×	＿＿＿	＿＿＿	＿＿＿	＿＿＿
15]	＿＿＿＿＿＿＿＿＿＿＿＿＿＿＿	＿＿＿×	＿＿＿	＿＿＿	＿＿＿	＿＿＿

備考：
＿＿＿
＿＿＿
＿＿＿

フェーズ3　　　　　　　足関節アクアエクササイズプログラム　　　　　　　　**A3**

氏名：
日付：

	エクササイズ	セット数	時間 (秒)	歩数 (bpm)	速度 (lam/f)	荷重負荷 (%WB)
01］	前方／後方ウォーキング	＿＿＿×	＿＿＿	＿＿＿	＿＿＿	＿＿＿
02］	クロスオーバーステップ	＿＿＿×	＿＿＿	＿＿＿	＿＿＿	＿＿＿
03］	フェーズ1の3から6	＿＿＿×	＿＿＿	＿＿＿	＿＿＿	＿＿＿
04］	ヒールレイズ（片足）	＿＿＿×	＿＿＿	＿＿＿	＿＿＿	＿＿＿
05］	ステップダウン（30cmの高さから）	＿＿＿×	＿＿＿	＿＿＿	＿＿＿	＿＿＿
06］	プライオメトリックス（横／前／後）	＿＿＿×	＿＿＿	＿＿＿	＿＿＿	＿＿＿
07］	アクアランニング（ランニングパッド使用）	＿＿＿×	＿＿＿	＿＿＿	＿＿＿	＿＿＿
08］	バタ足（膝屈曲／伸展）	＿＿＿×	＿＿＿	＿＿＿	＿＿＿	＿＿＿
09］	アクアランニング（深水にて）	＿＿＿×	＿＿＿	＿＿＿	＿＿＿	＿＿＿
10］	＿＿＿＿＿＿＿＿＿＿＿＿＿＿＿	＿＿＿×	＿＿＿	＿＿＿	＿＿＿	＿＿＿
11］	＿＿＿＿＿＿＿＿＿＿＿＿＿＿＿	＿＿＿×	＿＿＿	＿＿＿	＿＿＿	＿＿＿
12］	＿＿＿＿＿＿＿＿＿＿＿＿＿＿＿	＿＿＿×	＿＿＿	＿＿＿	＿＿＿	＿＿＿
13］	＿＿＿＿＿＿＿＿＿＿＿＿＿＿＿	＿＿＿×	＿＿＿	＿＿＿	＿＿＿	＿＿＿
14］	＿＿＿＿＿＿＿＿＿＿＿＿＿＿＿	＿＿＿×	＿＿＿	＿＿＿	＿＿＿	＿＿＿
15］	＿＿＿＿＿＿＿＿＿＿＿＿＿＿＿	＿＿＿×	＿＿＿	＿＿＿	＿＿＿	＿＿＿

備考：
＿＿
＿＿
＿＿

日付：

	エクササイズ	セット数	時間 (秒)	歩数 (bpm)	速度 (lam/f)	荷重負荷 (%WB)
01］	前方／後方ウォーキング	＿＿＿×	＿＿＿	＿＿＿	＿＿＿	＿＿＿
02］	クロスオーバーステップ	＿＿＿×	＿＿＿	＿＿＿	＿＿＿	＿＿＿
03］	フェーズ1の3から6	＿＿＿×	＿＿＿	＿＿＿	＿＿＿	＿＿＿
04］	ヒールレイズ（片足）	＿＿＿×	＿＿＿	＿＿＿	＿＿＿	＿＿＿
05］	ステップダウン（30cmの高さから）	＿＿＿×	＿＿＿	＿＿＿	＿＿＿	＿＿＿
06］	プライオメトリックス（横／前／後）	＿＿＿×	＿＿＿	＿＿＿	＿＿＿	＿＿＿
07］	アクアランニング（ランニングパッド使用）	＿＿＿×	＿＿＿	＿＿＿	＿＿＿	＿＿＿
08］	バタ足（膝屈曲／伸展）	＿＿＿×	＿＿＿	＿＿＿	＿＿＿	＿＿＿
09］	アクアランニング（深水にて）	＿＿＿×	＿＿＿	＿＿＿	＿＿＿	＿＿＿
10］	＿＿＿＿＿＿＿＿＿＿＿＿＿＿＿	＿＿＿×	＿＿＿	＿＿＿	＿＿＿	＿＿＿
11］	＿＿＿＿＿＿＿＿＿＿＿＿＿＿＿	＿＿＿×	＿＿＿	＿＿＿	＿＿＿	＿＿＿
12］	＿＿＿＿＿＿＿＿＿＿＿＿＿＿＿	＿＿＿×	＿＿＿	＿＿＿	＿＿＿	＿＿＿
13］	＿＿＿＿＿＿＿＿＿＿＿＿＿＿＿	＿＿＿×	＿＿＿	＿＿＿	＿＿＿	＿＿＿
14］	＿＿＿＿＿＿＿＿＿＿＿＿＿＿＿	＿＿＿×	＿＿＿	＿＿＿	＿＿＿	＿＿＿
15］	＿＿＿＿＿＿＿＿＿＿＿＿＿＿＿	＿＿＿×	＿＿＿	＿＿＿	＿＿＿	＿＿＿

備考：

フェーズ1　　　　　　肩関節アクアエクササイズプログラム　　　　**S1**

氏名：
日付：

	エクササイズ	セット数	時間 (秒)	歩数 (bpm)	速度 (lam/f)	荷重負荷 (%WB)
01]	ハグストレッチ	＿＿＿ ×	＿＿＿	＿＿＿	＿＿＿	＿＿＿
02]	クロスショルダーストレッチ	＿＿＿ ×	＿＿＿	＿＿＿	＿＿＿	＿＿＿
03]	プルバックストレッチ	＿＿＿ ×	＿＿＿	＿＿＿	＿＿＿	＿＿＿
04]	エルボータッチストレッチ	＿＿＿ ×	＿＿＿	＿＿＿	＿＿＿	＿＿＿
05]	ショルダーシュラッグストレッチ	＿＿＿ ×	＿＿＿	＿＿＿	＿＿＿	＿＿＿
06]	ショルダーロールストレッチ	＿＿＿ ×	＿＿＿	＿＿＿	＿＿＿	＿＿＿
07]	肩内旋ストレッチ	＿＿＿ ×	＿＿＿	＿＿＿	＿＿＿	＿＿＿
08]	肩外旋ストレッチ	＿＿＿ ×	＿＿＿	＿＿＿	＿＿＿	＿＿＿
09]	立位肩屈曲	＿＿＿ ×	＿＿＿	＿＿＿	＿＿＿	＿＿＿
10]	立位肩伸展	＿＿＿ ×	＿＿＿	＿＿＿	＿＿＿	＿＿＿
11]	立位肩外転／内転	＿＿＿ ×	＿＿＿	＿＿＿	＿＿＿	＿＿＿
12]	立位肩内旋／外旋	＿＿＿ ×	＿＿＿	＿＿＿	＿＿＿	＿＿＿
13]	立位肩水平外転／内転	＿＿＿ ×	＿＿＿	＿＿＿	＿＿＿	＿＿＿
14]	立位肩回旋	＿＿＿ ×	＿＿＿	＿＿＿	＿＿＿	＿＿＿
15]	仰臥位肩外旋	＿＿＿ ×	＿＿＿	＿＿＿	＿＿＿	＿＿＿
16]	仰臥位肩外転挙上	＿＿＿ ×	＿＿＿	＿＿＿	＿＿＿	＿＿＿
17]	＿＿＿＿＿＿＿＿＿＿＿＿＿	＿＿＿ ×	＿＿＿	＿＿＿	＿＿＿	＿＿＿
18]	＿＿＿＿＿＿＿＿＿＿＿＿＿	＿＿＿ ×	＿＿＿	＿＿＿	＿＿＿	＿＿＿
19]	＿＿＿＿＿＿＿＿＿＿＿＿＿	＿＿＿ ×	＿＿＿	＿＿＿	＿＿＿	＿＿＿
20]	＿＿＿＿＿＿＿＿＿＿＿＿＿	＿＿＿ ×	＿＿＿	＿＿＿	＿＿＿	＿＿＿

備考：

日付：

	エクササイズ	セット数	時間 (秒)	歩数 (bpm)	速度 (lam/f)	荷重負荷 (%WB)
01]	ハグストレッチ	＿＿＿ ×	＿＿＿	＿＿＿	＿＿＿	＿＿＿
02]	クロスショルダーストレッチ	＿＿＿ ×	＿＿＿	＿＿＿	＿＿＿	＿＿＿
03]	プルバックストレッチ	＿＿＿ ×	＿＿＿	＿＿＿	＿＿＿	＿＿＿
04]	エルボータッチストレッチ	＿＿＿ ×	＿＿＿	＿＿＿	＿＿＿	＿＿＿
05]	ショルダーシュラッグストレッチ	＿＿＿ ×	＿＿＿	＿＿＿	＿＿＿	＿＿＿
06]	ショルダーロールストレッチ	＿＿＿ ×	＿＿＿	＿＿＿	＿＿＿	＿＿＿
07]	肩内旋ストレッチ	＿＿＿ ×	＿＿＿	＿＿＿	＿＿＿	＿＿＿
08]	肩外旋ストレッチ	＿＿＿ ×	＿＿＿	＿＿＿	＿＿＿	＿＿＿
09]	立位肩屈曲	＿＿＿ ×	＿＿＿	＿＿＿	＿＿＿	＿＿＿
10]	立位肩伸展	＿＿＿ ×	＿＿＿	＿＿＿	＿＿＿	＿＿＿
11]	立位肩外転／内転	＿＿＿ ×	＿＿＿	＿＿＿	＿＿＿	＿＿＿
12]	立位肩内旋／外旋	＿＿＿ ×	＿＿＿	＿＿＿	＿＿＿	＿＿＿
13]	立位肩水平外転／内転	＿＿＿ ×	＿＿＿	＿＿＿	＿＿＿	＿＿＿
14]	立位肩回旋	＿＿＿ ×	＿＿＿	＿＿＿	＿＿＿	＿＿＿
15]	仰臥位肩外旋	＿＿＿ ×	＿＿＿	＿＿＿	＿＿＿	＿＿＿
16]	仰臥位肩外転挙上	＿＿＿ ×	＿＿＿	＿＿＿	＿＿＿	＿＿＿
17]	＿＿＿＿＿＿＿＿＿＿＿＿＿	＿＿＿ ×	＿＿＿	＿＿＿	＿＿＿	＿＿＿
18]	＿＿＿＿＿＿＿＿＿＿＿＿＿	＿＿＿ ×	＿＿＿	＿＿＿	＿＿＿	＿＿＿
19]	＿＿＿＿＿＿＿＿＿＿＿＿＿	＿＿＿ ×	＿＿＿	＿＿＿	＿＿＿	＿＿＿
20]	＿＿＿＿＿＿＿＿＿＿＿＿＿	＿＿＿ ×	＿＿＿	＿＿＿	＿＿＿	＿＿＿

備考：

フェーズ2　　　　　　　　　**肩関節アクアエクササイズプログラム**　　　　　　　S2

氏名：
日付：

エクササイズ	セット数	時間 (秒)	歩数 (bpm)	速度 (lam/f)	荷重負荷 (%WB)
01］フェーズ1の1から8	＿＿＿×＿＿＿				
02］立位肩回旋	＿＿＿×＿＿＿				
03］アップライトローイング	＿＿＿×＿＿＿				
04］立位肩水平外転／内転	＿＿＿×＿＿＿				
05］立位トランクローテーション（180度）	＿＿＿×＿＿＿				
06］平泳ぎ	＿＿＿×＿＿＿				
07］アームサイクル（UBEのように）	＿＿＿×＿＿＿				
08］＿＿＿＿＿＿＿＿＿＿＿＿	＿＿＿×＿＿＿				
09］＿＿＿＿＿＿＿＿＿＿＿＿	＿＿＿×＿＿＿				
10］＿＿＿＿＿＿＿＿＿＿＿＿	＿＿＿×＿＿＿				
11］＿＿＿＿＿＿＿＿＿＿＿＿	＿＿＿×＿＿＿				
12］＿＿＿＿＿＿＿＿＿＿＿＿	＿＿＿×＿＿＿				
13］＿＿＿＿＿＿＿＿＿＿＿＿	＿＿＿×＿＿＿				
14］＿＿＿＿＿＿＿＿＿＿＿＿	＿＿＿×＿＿＿				
15］＿＿＿＿＿＿＿＿＿＿＿＿	＿＿＿×＿＿＿				

備考：
＿＿＿＿＿＿＿＿＿＿＿＿＿＿＿＿＿＿＿＿＿＿＿＿＿＿＿＿＿＿＿＿＿＿＿＿
＿＿＿＿＿＿＿＿＿＿＿＿＿＿＿＿＿＿＿＿＿＿＿＿＿＿＿＿＿＿＿＿＿＿＿＿
＿＿＿＿＿＿＿＿＿＿＿＿＿＿＿＿＿＿＿＿＿＿＿＿＿＿＿＿＿＿＿＿＿＿＿＿

日付：

エクササイズ	セット数	時間 (秒)	歩数 (bpm)	速度 (lam/f)	荷重負荷 (%WB)
01］フェーズ1の1から8	＿＿＿×＿＿＿				
02］立位肩回旋	＿＿＿×＿＿＿				
03］アップライトローイング	＿＿＿×＿＿＿				
04］立位肩水平外転／内転	＿＿＿×＿＿＿				
05］立位トランクローテーション（180度）	＿＿＿×＿＿＿				
06］平泳ぎ	＿＿＿×＿＿＿				
07］アームサイクル（UBEのように）	＿＿＿×＿＿＿				
08］＿＿＿＿＿＿＿＿＿＿＿＿	＿＿＿×＿＿＿				
09］＿＿＿＿＿＿＿＿＿＿＿＿	＿＿＿×＿＿＿				
10］＿＿＿＿＿＿＿＿＿＿＿＿	＿＿＿×＿＿＿				
11］＿＿＿＿＿＿＿＿＿＿＿＿	＿＿＿×＿＿＿				
12］＿＿＿＿＿＿＿＿＿＿＿＿	＿＿＿×＿＿＿				
13］＿＿＿＿＿＿＿＿＿＿＿＿	＿＿＿×＿＿＿				
14］＿＿＿＿＿＿＿＿＿＿＿＿	＿＿＿×＿＿＿				
15］＿＿＿＿＿＿＿＿＿＿＿＿	＿＿＿×＿＿＿				

備考：

ワークシート

フェーズ 3　　　　　　　**肩関節アクアエクササイズプログラム**　　　　　　**S3**

　　氏名：
　　日付：

エクササイズ	セット数	時間 (秒)	歩数 (bpm)	速度 (lam/f)	荷重負荷 (%WB)
01］フェーズ1の1から8	＿＿＿×	＿＿＿	＿＿＿	＿＿＿	＿＿＿
02］肩PNF（D1）	＿＿＿×	＿＿＿	＿＿＿	＿＿＿	＿＿＿
03］肩PNF（D2）	＿＿＿×	＿＿＿	＿＿＿	＿＿＿	＿＿＿
04］肩水平外転（ピッチング）	＿＿＿×	＿＿＿	＿＿＿	＿＿＿	＿＿＿
05］立位チェストパス（メディシンボール使用）	＿＿＿×	＿＿＿	＿＿＿	＿＿＿	＿＿＿
06］水泳（クロール／背泳）	＿＿＿×	＿＿＿	＿＿＿	＿＿＿	＿＿＿
07］アクアランニング（インターバル走）	＿＿＿×	＿＿＿	＿＿＿	＿＿＿	＿＿＿
08］アクアジャックス	＿＿＿×	＿＿＿	＿＿＿	＿＿＿	＿＿＿
09］＿＿＿＿＿＿＿＿＿＿＿＿＿	＿＿＿×	＿＿＿	＿＿＿	＿＿＿	＿＿＿
10］＿＿＿＿＿＿＿＿＿＿＿＿＿	＿＿＿×	＿＿＿	＿＿＿	＿＿＿	＿＿＿
11］＿＿＿＿＿＿＿＿＿＿＿＿＿	＿＿＿×	＿＿＿	＿＿＿	＿＿＿	＿＿＿
12］＿＿＿＿＿＿＿＿＿＿＿＿＿	＿＿＿×	＿＿＿	＿＿＿	＿＿＿	＿＿＿
13］＿＿＿＿＿＿＿＿＿＿＿＿＿	＿＿＿×	＿＿＿	＿＿＿	＿＿＿	＿＿＿
14］＿＿＿＿＿＿＿＿＿＿＿＿＿	＿＿＿×	＿＿＿	＿＿＿	＿＿＿	＿＿＿
15］＿＿＿＿＿＿＿＿＿＿＿＿＿	＿＿＿×	＿＿＿	＿＿＿	＿＿＿	＿＿＿

備考：
＿＿
＿＿
＿＿

　　日付：

エクササイズ	セット数	時間 (秒)	歩数 (bpm)	速度 (lam/f)	荷重負荷 (%WB)
01］フェーズ1の1から8	＿＿＿×	＿＿＿	＿＿＿	＿＿＿	＿＿＿
02］肩PNF（D1）	＿＿＿×	＿＿＿	＿＿＿	＿＿＿	＿＿＿
03］肩PNF（D2）	＿＿＿×	＿＿＿	＿＿＿	＿＿＿	＿＿＿
04］肩水平外転（ピッチング）	＿＿＿×	＿＿＿	＿＿＿	＿＿＿	＿＿＿
05］立位チェストパス（メディシンボール使用）	＿＿＿×	＿＿＿	＿＿＿	＿＿＿	＿＿＿
06］水泳（クロール／背泳）	＿＿＿×	＿＿＿	＿＿＿	＿＿＿	＿＿＿
07］アクアランニング（インターバル走）	＿＿＿×	＿＿＿	＿＿＿	＿＿＿	＿＿＿
08］アクアジャックス	＿＿＿×	＿＿＿	＿＿＿	＿＿＿	＿＿＿
09］＿＿＿＿＿＿＿＿＿＿＿＿＿	＿＿＿×	＿＿＿	＿＿＿	＿＿＿	＿＿＿
10］＿＿＿＿＿＿＿＿＿＿＿＿＿	＿＿＿×	＿＿＿	＿＿＿	＿＿＿	＿＿＿
11］＿＿＿＿＿＿＿＿＿＿＿＿＿	＿＿＿×	＿＿＿	＿＿＿	＿＿＿	＿＿＿
12］＿＿＿＿＿＿＿＿＿＿＿＿＿	＿＿＿×	＿＿＿	＿＿＿	＿＿＿	＿＿＿
13］＿＿＿＿＿＿＿＿＿＿＿＿＿	＿＿＿×	＿＿＿	＿＿＿	＿＿＿	＿＿＿
14］＿＿＿＿＿＿＿＿＿＿＿＿＿	＿＿＿×	＿＿＿	＿＿＿	＿＿＿	＿＿＿
15］＿＿＿＿＿＿＿＿＿＿＿＿＿	＿＿＿×	＿＿＿	＿＿＿	＿＿＿	＿＿＿

備考：

参考文献

[1] Becker, B.E. Biophysical aspects of hydrotherapy. In B.E. Becker & A.J. Cole (Eds), *Comprehensive aquatic therapy*. Newton, MA: Butterworth-Heinmann; 1997.

[2] Bates, A. & Hanson, N. *Aquatic exercise therapy*. Philadelphia, PA, W.B. Saunders Company, 1996.

[3] Harrison, R. & Bulstrode, S. Percentage weight bearing during partial immersion in the hydrotherapy pool. *Physiotherapy Practice* 1987; 3: 60-63.

[4] Bloomfield, J., Fricker, P., & Fitch, K. *Textbook of Science and Medicine in Sport*. Champain, IL: Human Kinetics Books, 1992.

[5] Hall, J., Bisson, D., & O'hare, P. *The physiology of immersion*. *Physiotherapy* 1990; 76: 517-521.

[6] Wilder, R.P. & Brennan, D.K. *Aquarunning Instructors Manual*. Houston, TX: Houston International Running Center, 1990.

[7] Brennan, D.K. *Deep water running handbook*. Eugene, OR, Excel Sports Science Int., 1995.

[8] Arborelius, M, Balldin, U.I., Lilja, B. & Lundgre, C.E. Hemodynamic changes in man during immersion with head above water. *Aerosp Med*. 1972; 43 (6) : 593-598.

[9] Risch, W.D., Koubenec, H.J., Beckmann, U, Lange, S. & Gauer, O.H. The effect of graded immersion on heart volume, central venous pressure, pulmonary blood distribution and heart rate in man. *Pflugers Arch*. 1978; 374 (2) : 115-118.

[10] Schlant, R.C. & Sonnenblick, E.H. Normal physiology of the cardiovascular system. In JW Hurst (Ed), *The Heart* (6th ed). New York: McGraw Hill, 1986.

[11] Evans, B.W., Cureton, K.J. & Puvis, J.W. Metabolic and circulatory responses to walking and jogging in water. *Res. Q*. 1978; 49 (4) : 442-449.

[12] Agostoni, E., Gurtner, G., Torri, G. & Rahn, H. Respiratory mechanics during submersion and negative pressure breathing. *J Appl Physiol* 1966; 21 (1) : 253-258.

[13] Glass, R.A. Comparative biomechanical and physiological responses of suspended deep water running to hard surface running [unpublished thesis], Auburn, AL: Auburn University, 1987 (PE 3039f).

[14] Borg, G.A. Psychophysical bases of perceived exertion. *Med Science Sports Exerc*. 1982; 14 (5) : 377-381.

[15] Epstein, M. Renal effects of head out of water immersion in humans: a 15 year update. *Physiol Rev*. 1992; 72 (3) : 563-621.

[16] Epstein, M. Cardiovascular and renal effects of head out of water immersion in man. *Circ Res*. 1976; 39 (5) : 619-628.

[17] Gleim, G.W., Nicholas, J.A. Metabolic costs and heart rate response to treadmill walking in water at different depths and temperatures. *Am J Sports Med* 1989; 17 (2) : 248-252.

[18] Yegul, F. *Baths and Bathing in Classical Antiquity*. Cambridge, MA: MIT Press, 1992; 9: 49,

490.

[19] Bruckner, P. & Khan, K. *Clinical Sports Medicine*. Sydney, Australia: McGraw-Hill; 1993: 145-146.

[20] Herring, S.A. Nilson KL. Introduction to overuse injuries. *Clin Sports Med*. 1987; 6 (2) : 225-239.

[21] Brennan, D.K. & Wilder, R.P. Cross training and periodization in running. *J Back Musculoskeletal Rehabil*. 1996; 6: 49-58.

[22] Kopansky, C. *Canadian aquatic fitness leaders handbook*. CALA, Tronto, Canada, 1998.

[23] Bishop, P.A., Frazier, S. & Jacobs, D. Physiologic responses to treadmill and water running. *Phys Sportsmedicine* 1989; 17: 87-94.

[24] Butts, N.K., Tucker, M. & Greening, C. Physiologic responses to maximal treadmill and deep water running in men and women. *Am J Sports Med* 1991; 19 (6) : 612-614.

[25] Ritchie, S.E. & Hopkins, W.G. The intensity of exercise in deep water running. *Int J Sports Med* 1991; 12 (1) : 27-29.

[26] Town, G.P. & Bradley, S.S. Maximal metabolic responses of deep and shollow water running in trained runners. *Med Sci Sports Exerc* 1991; 23 (2) : 238-241.

[27] Yamaji, K., Greenly, M., Northey, D.R. & Hughson, R.L. Oxygen uptake and heart rate response to treadmill and water running. *Can J Sport Sci* 1990; 15 (2) : 96-98.

[28] Wilder, R.P. & Brennan, D.K. Physiological responses to deep water running in athletes. *Sports Med* 1993; 16 (6) : 374-380.

[29] Svedenhad, J. & Seger, J. Running on land and in water: comparative exercise physiology. *Med Sci Sports Exerc* 1992; 24 (10) : 1155-1160.

[30] Wilder, R.P., Brennan, D.K. & Schotte, D.E. A standard measure for exercise prescription for aquarunning. *Am J Sports Med* 1993; 21 (1) : 45-48.

[31] Michaud, T.J., Brennan, D.K., Wilder, R.P. & Sherman, N.W. Aquarunning gains in cardiorespiratory fitness. *J Strength Cond Res* 1995; 9 (2) : 78-84.

[32] Eyestone, E.D., Fellingham, G., George, J. & Fisher, A.G. Effect of water running and cycling on maximum oxygen consumption and 2 mile run performance. *Am J Sports Med* 1993; 21 (1) : 41-44.

[33] Bushman, B.A., Flynn, M.G., Andres F.F., Lambert, C.P., Taylor, M.S. & Braun, W.A. Effect of 4 weeks of deep water run training on running performance. *Med Sci Sports Exerc* 1997; 29(5): 694-699.

[34] Wilder, R.L., Moffit, R.J., Scott, B.E., Lee, D.T. & Cucuzzo, N.A. Influence of water run training on the maintenance of aerobic performance. *Med Sci Sports Exerc* 1996; 28 (8) : 1056-1062.

[35] Doherty, K. *Track and Field Omni Book: The dynamics of relaxation* (4th ed). Los Altos, CA: Tafness Press, 1984.

[36] Coyle, E.F. Integration of the physiological factors determining endurance performance ability. In: Hollosky J ed. *Exerc Sport Sci Rev* 1995; 23: 25-63.

[37] Farrell, P.A., Wilmore, J.H., Coyle, E.F., Billing, J.E. & Costill, D.K. Plasma lactate accumulation and distance running performance. *Med Sci Sports* 1979; 11 (4) : 338-344.

[38] McArdle, W.D., Katch, F.I. & Katch, V.L. *Exercise physiology energy, nutrition and human performance: Pulmonary ventilation during exercise* (3rd ed), Malvern, PA: Lea & Febiger, 1991: 278-284.

[39] Joyner, M.J. Physiological limiting factors and distance running: influence of gender and age on record performances. *Exerc Sports Sci Rev* 1993; 21: 105-108.

[40] Gordon, N.F. & Mitchell, B.S. Health appraisal in the nonmedical setting. In JL Durstine, AC King, et al (Eds.), *American College of Sports Medicine: ACSM's resource manual for guidelines for exercise testing and prescription* (2nd ed, pp219-228). Malvern, PA: Lea & Febiger,1993.

[41] Kordich, J.A.C. Client consultation and health appraisal: In RW Earle & TR Baechle (Eds.), *NSCA's essantials of personal training* (pp.161-192). Champaign, IL: Human Kinetics, 2004.

[42] 葛原憲治「野球におけるコンディショニング」『東邦学誌』2005年、第34巻第2号、13〜27ページ

著者略歴

葛原 憲治（くずはら けんじ）

1964年愛媛県生まれ。1983年防衛大学校を中退。1988年愛媛大学教育学部を卒業。1990年兵庫教育大学大学院学校教育研究科を修了。1990年大阪大学健康体育部運動生理学部門の助手。1996年ウェスタンミシガン大学大学院アスレティックトレーニング学科を修了。NATA公認アスレティックトレーナー（ATC）とNSCA公認ストレングス＆コンディショニングスペシャリスト（CSCS）資格を取得。1997〜2000年オリックスブルーウェーブではコンディショニング・コーディネーターとして傷害予防とリハビリを担当。2000〜2001年神戸製鋼ラグビー部ではトレーナーとして全国社会人ラグビーフットボール大会優勝及び日本ラグビーフットボール選手権大会優勝のシーズン二冠に貢献。2001〜2005年コクドアイスホッケー部では日本アイスホッケーリーグ3連覇、全日本アイスホッケー選手権大会2連覇、第2回アイスホッケーアジアリーグ優勝に貢献。2004年アイスホッケー世界選手権では日本代表トレーナーとして帯同。2005年王子製紙アイスホッケー部のストレングス＆コンディショニングコーチとしてオフシーズン及びプリシーズンのトレーニングとコンディショニングを担当。2006年からJOC医科学スタッフとしてアイスホッケーをサポート。現在、愛知東邦大学人間学部人間健康学科准教授としてCSCSトレーナーコースのプログラムディレクターを担当。

スイメックスによるアクアエクササイズ――Brennanメソッド

2008年3月31日　第1版第1刷発行　　　　※定価はカバーに
　　　　　　　　　　　　　　　　　　　　表示してあります。

著　者――葛原　憲治

発　行――有限会社 唯学書房
　　　　　〒101-0061　東京都千代田区三崎町2-6-9　三栄ビル502
　　　　　　TEL　03-3237-7073　　FAX　03-5215-1953
　　　　　　E-mail　hi-asyl@atlas.plala.or.jp

発　売――有限会社 アジール・プロダクション
装　幀――土屋 光（パーフェクト・ヴァキューム）
印刷・製本――中央精版印刷株式会社

Ⓒ Kenji KUZUHARA 2008 Printed in Japan
乱丁・落丁はお取り替えいたします。
ISBN978-4-902225-39-6 C2075